中国人民大学会计系列教材·简明版

《成本与管理会计（第4版·立体化数字教材版）》学习指导书

孙茂竹　张　敏　编著

中国人民大学出版社
·北京·

图书在版编目(CIP)数据

《成本与管理会计（第4版·立体化数字教材版）》
学习指导书/孙茂竹，张敏编著. -- 北京：中国人民
大学出版社，2024.3
中国人民大学会计系列教材：简明版
ISBN 978-7-300-32631-3

Ⅰ.①成… Ⅱ.①孙… ②张… Ⅲ.①成本会计-高
等学校-教学参考资料②管理会计-高等学校-教学参考
资料 Ⅳ.①F234

中国国家版本馆 CIP 数据核字（2024）第 053650 号

中国人民大学会计系列教材·简明版

《成本与管理会计（第 4 版·立体化数字教材版）》学习指导书

孙茂竹　张　敏　编著

《Chengben yu Guanli Kuaiji（Di 4 Ban · Litihua Shuzi Jiaocai Ban）》Xuexi Zhidaoshu

出版发行	中国人民大学出版社				
社　　址	北京中关村大街 31 号		**邮政编码**	100080	
电　　话	010 - 62511242（总编室）		010 - 62511770（质管部）		
	010 - 82501766（邮购部）		010 - 62514148（门市部）		
	010 - 62515195（发行公司）		010 - 62515275（盗版举报）		
网　　址	http://www.crup.com.cn				
经　　销	新华书店				
印　　刷	北京溢漾印刷有限公司				
开　　本	787 mm×1092 mm　1/16		**版　　次**	2024 年 3 月第 1 版	
印　　张	13.25 插页 1		**印　　次**	2025 年 1 月第 3 次印刷	
字　　数	275 000		**定　　价**	38.00 元	

版权所有　侵权必究　印装差错　负责调换

总　序

中国人民大学会计系列教材（简称"系列教材"）自 1993 年推出至今，已 30 余年。这期间我国经济高速发展，会计制度与会计准则发生了巨大变化，大学会计教育无论规模还是质量都有了长足进步。回顾 30 余年的发展历程，系列教材中每一本的每一版，都在努力适应会计环境和教育环境的变化，尽可能满足高校会计教学的需要。

系列教材第 1 版是由我国当时的重大会计改革催生的。编写时关注两个重点：一是适应我国会计制度的变化，遵循 1992 年颁布的"两则两制"的要求；二是教材之间尽可能避免内容重复。系列教材包括：《初级会计学》《财务会计学》《成本会计学》《经营决策会计学》《责任会计学》《高级会计学》《财务管理学》《审计学》《计算机会计学》。

自 1997 年 10 月起，系列教材陆续推出第 2 版。为适应各院校的课程开设需要，将《经营决策会计学》与《责任会计学》合并为《管理会计学》。

自 2001 年 11 月起，系列教材陆续推出第 3 版。根据修订的《中华人民共和国会计法》、国务院颁布的《企业财务会计报告条例》、财政部颁布和修订的企业具体会计准则以及财政部颁布的《企业会计制度》等对教材内容进行修订。

自 2006 年 7 月起，系列教材陆续推出第 4 版。进一步修订了教材与 2007 年 1 月 1 日起施行的企业会计准则和中国注册会计师审计准则之间的不协调之处，并将《计算机会计学》更名为《会计信息系统》。

自 2009 年 6 月起，系列教材陆续推出第 5 版。对《高级会计学》《财务管理学》《财务会计学》等的框架结构做了较大调整，新增《会计学（非专业用）》一书。

自 2012 年 6 月起，系列教材陆续推出第 6 版。针对教育部强化本科教育实务性、应用性的要求，新增"简明版"和"模拟实训"两个子系列，并为《初级会计学》和《成本会计学》配备实训手册。

自 2014 年 4 月起，系列教材陆续推出第 7 版。深入阐释了财政部自 2014 年 1 月先后发布或修订的多个会计准则，并新增《财务报表分析》一书。

自 2017 年 8 月起，系列教材陆续推出第 8 版。体现了营改增、会计准则、增值税税率变化等最新动态，并新增《政府与非营利组织会计》，在"简明版"中新增《会计学》《中级财务会计》。为适应数字化对教学的影响，《财务会计学》率先推出"立体化数字教材版"。

自 2020 年 11 月起，系列教材陆续推出第 9 版。根据《高等学校课程思政建设指导纲要》对教材的要求，以及数字时代线上线下教学相结合的特点，着力打造立体化数字教材，并重点体现课程思政等内容。

2023年是"中国人民大学会计系列教材"出版30周年，系列教材陆续推出第10版。将党的二十大精神融入教材内容，并开始第二轮立体化数字教材的升级工作，为主要教材配套双题库（主教材和学习指导书），以方便教学。

至此，系列教材围绕核心课程，形成了如下课程体系：

主教材（11本）	学习指导书（7本）	模拟实训（5本）	简明版（7本）
《会计学》	✓		《会计学》
《基础会计（原初级会计学）》	✓	✓	
《财务会计学》	✓	✓	《中级财务会计》
《财务管理学》	✓	✓	《财务管理》
《成本会计学》	✓	✓	《成本与管理会计》
《管理会计学》	✓	✓	
《审计学》			
《会计信息系统》			《会计电算化》
《高级会计学》	✓		
《财务报表分析》			
《政府与非营利组织会计》			《政府会计》
			《会计专业英语》

系列教材在30余年的出版历程中，以高品质荣获众多奖项，并多次入选国家级规划教材。2001年，系列教材入选由教育部评选的"经济类、管理类专业和法学专业部分主干课程推荐教材"；2003年，系列教材入选"普通高等教育'十五'国家级规划教材"；2005年，系列教材以"精心组织，持续探索，打造跨世纪会计精品教材（教材）"荣获"第五届高等教育国家级教学成果奖二等奖"；2008年，系列教材入选"普通高等教育'十一五'国家级规划教材"，其中《会计信息系统》被教育部评为2008年度普通高等教育精品教材，《审计学》被评为2009年度普通高等教育精品教材，《财务管理》被评为2011年度普通高等教育精品教材；2012年，系列教材入选"'十二五'普通高等教育本科国家级规划教材"；2014年，系列教材以"以立体化教材建设支撑会计学专业教学改革（教材）"荣获"2014年国家级教学成果奖（高教类）二等奖"。

《高等学校课程思政建设指导纲要》指出，培养什么人、怎样培养人、为谁培养人是教育的根本问题，立德树人成效是检验高校一切工作的根本标准。具体到会计学专业，在会计准则国际趋同的大背景下，要着力培养既能立足祖国大地又有国际视野的时代新人。基于此，系列教材积极融入习近平新时代中国特色社会主义思想，深刻把握会计学专业学生培养目标，积极应对数字化对教学的冲击和挑战，更加重视学生的长远发展，注重培养学生的基本素质和能力，尤其是培养学生发现问题、分析问题和解决问题的能力。

系列教材是在我国著名会计学家阎达五教授等老一辈会计学者的精心呵护下诞生，在广大兄弟院校的大力支持下逐渐成长的。我们衷心希望系列教材能够继续得到大家的认可，也诚恳地希望大家多提改进建议，以便我们在今后的修订中不断完善。

中国人民大学会计系

前　言

　　本书是与《成本与管理会计（第4版·立体化数字教材版）》配套的学习指导书，依据主教材的内容编写。

　　考虑教学与学习的需要，为便于了解和掌握《成本与管理会计（第4版·立体化数字教材版）》的内容和方法，本书：

　　（1）对主教材各章后附的思考题和练习题进行解析，给出参考答案，从而帮助学习者理解和掌握各章的学习内容。

　　（2）明确学习目标，进行学习指导，使学习者了解各章的学习重点和学习难点。

　　（3）以名词解释、判断题、单项选择题、多项选择题、简答题、计算题等形式诠释成本与管理会计的基本概念、基本理论和计算方法，使学习者能够开阔视野，深入地掌握成本与管理会计，并与主教材的阅读和学习有机融合，形成一个完整的成本与管理会计的学习框架。

　　本书第1章、第6～11章由孙茂竹编写，第2～5章由张敏编写，孙茂竹负责全书的统纂和定稿。

　　恳请会计同仁和广大读者批评指正，多提宝贵意见，以使我们能够更好地为读者服务。

目　录

第 1 章
概 论

学习目标

本章主要帮助学习者了解成本与管理会计的形成和发展历程，初步掌握成本与管理会计的基础理论，解决是什么和干什么的问题，为以后各章的学习提供实践经验和理论依据。

学习指导

1. 学习重点

（1）了解成本与管理会计的形成和发展过程，从社会实践和理论发展相结合的角度理解成本与管理会计逐渐发展的不同阶段，以及最终成本与管理相互融合的结果。

（2）在本章内容及相关资料学习的基础上，思考成本与管理会计的对象是什么，其基本理论体系应包括哪些内容等问题，为以后各章学习及将来管理实践奠定理论基础，培养自身研究问题和解决问题的能力。

（3）在了解企业经营活动的基础上，思考成本与管理会计和财务会计、财务管理的区别与联系，提高未来整合企业信息系统、提供决策相关信息、参与管理的能力。

（4）了解和掌握成本的内涵和本质特征，明晰成本的功能及其作用。

2. 学习难点

（1）应在了解企业、了解不同企业经营活动的特点以及了解不同企业经营活动形成的各种运动（物流、资金流、信息流、价值流）相互关系的基础上，建立整体成本意识，防止在学习中对成本管理的割裂。

（2）了解成本与管理会计的对象及其复合性特点，在整体上掌握成本与管理会计的基本理论并应用于实际工作。在学习过程中，最好深入一个企业（或一个行业），了解该企业经营活动带来的各种运动（物流、资金流、信息流、价值流）及其之间的相互关系，并注意循序渐进，将教材内容和作业相结合。

（3）如何从经济学、管理学、会计学上的成本内涵入手，正确把握成本的本质特征和成本的功能，在正确成本观念的指导下进行有效的成本计算和成本管理。

练习题

一、名词解释

1. 企业   2. 价值链

3. 纵向价值链   4. 横向价值链

5. SWOT 分析   6. 战略成本管理

7. 成本与管理会计   8. 成本规划

9. 成本控制

二、判断题

1. 企业是以盈利为目的的社会经济组织。（　　）

2. 企业生产经营过程具有两重性：既是使用价值的生产和交换过程，又是价值的形成和实现过程。（　　）

3. 所有企业的生产经营过程都具有相同的特点，企业管理的重点在于产品的生产和交换。（　　）

4. 企业生产产品是为了客户，最终目的是赚钱。（　　）

5. 以成本计算为基本特征的成本管理的内容仅限于对生产过程中的生产消耗进行系统的汇集和计算，用于确定产品成本和销售成本。（　　）

6. 以预测、决策为基本特征的管理会计将管理的重心转到提高生产效率和工作效率上。（　　）

7. 价值链分析的重点在于将企业的经营活动分解为不同的价值活动，每一种价值活动都会对企业的成本和利润产生影响。（　　）

8. SWOT 分析的理论基础是有效的战略能最大限度地利用业务优势和环境机会，同时使劣势和环境威胁降到最低。（　　）

9. 成本与管理会计认为，有效的评价并不在于使用财务指标还是非财务指标，而在于它能够发现企业存在的问题。（　　）

10. 成本与管理会计的最终目标是提高企业的经济效益。（　　）

11. 战略成本与管理会计是与企业战略管理密切联系的，它运用灵活多样的

方法收集、加工、整理与战略管理相关的各种信息，并据此协助企业管理层确立战略目标，进行战略规划并评价企业的管理业绩。 （ ）

12. 从根本上讲，成本与管理会计的对象是以使用价值管理为基础的价值管理。 （ ）

13. 战略性绩效评价将评价指标与企业战略相结合，根据不同的战略采取不同的评价指标。 （ ）

14. 在现代成本控制（如成本企划法）中，成本控制标准是根据市场情况制定的目标成本，成本控制结果不能大于目标成本。 （ ）

三、单项选择题

1. 下列项目中不属于产品标准成本内容的是（ ）。

A. 标准人工成本　　　　　　　B. 标准材料成本

C. 标准制造费用　　　　　　　D. 产品成本预算

2. 以预测、决策为基本特征的管理会计阶段的管理重点在于（ ）。

A. 生产效率　　　　　　　　　B. 工作效率

C. 经济效益　　　　　　　　　D. 竞争优势

3. 价值链分析将一个企业的经营活动分解为若干与（ ）相关的价值活动，每一种价值活动都会对企业的成本地位和利润产生不同的影响。

A. 战略　　　　　　　　　　　B. 管理

C. 经营方向　　　　　　　　　D. 经营特点

4. 在 SWOT 分析法的四个区域中，区域（3）的企业应（ ）。

A. 采取发展战略

B. 有效地利用市场机会，努力减少内部劣势

C. 利用现有优势在其他产品或市场上建立长期优势

D. 减少产品或收缩市场，或者改变产品或市场战略

5. 技术已成为当今社会经济发展的首要和关键因素，所以必须注重发挥（ ）。

A. 技术创新的引导作用　　　　B. 工业制造系统集成能力

C. 产品的创新能力　　　　　　D. 人的价值和知识创新能力

6. 从战略层面来讲，更能说明问题的指标是（ ）。

A. 财务指标　　　　　　　　　B. 非财务指标

C. 过程指标　　　　　　　　　D. 结果指标

7. 成本与管理会计的服务侧重于（ ）。

A. 股东　　　　　　　　　　　B. 外部集团

C. 债权人　　　　　　　　　　D. 企业内部的经营管理

8. 从管理体现经济效益的角度来看，成本与管理会计的对象是（ ）。

A. 企业生产经营活动　　　　　B. 企业生产经营活动中的价值活动

  C. 企业的资金运动　　　　　　　D. 企业的会计信息

  9. 在对未来经济活动进行计划的过程中，管理人员应提供预测、决策的备选方案及相关信息，并准确判断历史信息和未来事项的影响程度，以便选择最优方案的过程是（　　）。

  A. 计划　　　　　B. 评价　　　　　C. 控制　　　　　D. 报告

  10. 在以成本控制为基本特征的成本与管理会计阶段，对成本与管理会计形成较大影响的理论学派是（　　）。

  A. 官僚学派　　　　　　　　　　B. 科学管理理论

  C. 凯恩斯主义　　　　　　　　　D. 行政管理理论

  11. 下列方法中主要用于确定责任履行和对内报告的是（　　）。

  A. 品种法　　　　　　　　　　　B. 分批法

  C. 分步法　　　　　　　　　　　D. 目标成本法

四、多项选择题

  1. 企业是以盈利为目的，运用各种生产要素（土地、劳动力、资本、技术和企业家才能等），向市场提供商品或服务，实行（　　）的社会经济组织。

  A. 自主经营　　　　　　　　　　B. 自负盈亏

  C. 集中管理　　　　　　　　　　D. 分级管理

  E. 独立核算

  2. 企业生产经营管理的重要内容包括（　　）。

  A. 使用价值管理　　　　　　　　B. 资金管理

  C. 价值管理　　　　　　　　　　D. 信息管理

  E. 人力资源管理

  3. 制造业是一种非常典型的行业类型，其最主要的生产环节包括（　　）。

  A. 采购　　　　　　　　　　　　B. 生产

  C. 储存　　　　　　　　　　　　D. 销售

  E. 运输

  4. 成本与管理会计的形成和发展受到（　　）影响。

  A. 社会实践　　　　　　　　　　B. 经济理论

  C. 企业类型　　　　　　　　　　D. 业务特点

  E. 管理要求

  5. 以成本控制为基本特征，以提高生产效率和工作效率为目的的管理会计的主要内容包括（　　）。

  A. 标准成本　　　　　　　　　　B. 预算控制

  C. 差异分析　　　　　　　　　　D. 考核与报告

  E. 决策

6. 以预测、决策为基本特征的管理会计的主要内容包括（   ）。

A. 预测　　　　　　　　　　　　B. 决策

C. 预算　　　　　　　　　　　　D. 控制

E. 考核与评价

7. 价值链分析包括（   ）。

A. 纵向价值链分析　　　　　　　B. 横向价值链分析

C. 内部价值链分析　　　　　　　D. 外部价值链分析

E. 产业链分析

8. 纵向价值链分析旨在确定企业在哪一个或哪几个价值链节中参与竞争，具体包括（   ）。

A. 产业进入的决策

B. 纵向整合的决策

C. 产业内部各企业之间的相对竞争地位的决策

D. 产业退出的决策

E. 横向整合的决策

9. 企业内部价值链分为（   ）。

A. 基本职能活动　　　　　　　　B. 人力资源管理活动

C. 生产经营活动　　　　　　　　D. 物资管理活动

E. 价值管理活动

10. 战略成本管理是战略管理会计的重要内容，是为了提高和保持企业持久的竞争优势而建立的成本管理系统。这一系统主要由（   ）构成。

A. SWOT 分析　　　　　　　　　B. 价值链分析

C. 战略定位分析　　　　　　　　D. 成本动因分析

E. 功能成本分析

11. 关于成本与管理会计的对象，以下说法正确的有（   ）。

A. 从本质上讲，是企业的生产经营活动

B. 从表现上讲，是企业生产经营活动中的资金运动

C. 从管理体现经济效益上讲，是企业生产经营活动中的价值运动

D. 从计量上讲，是可以用货币表现的企业生产经营活动

E. 从根本上讲，是以使用价值管理为基础的价值管理

12. 成本与管理会计是适应企业加强内部经营管理、提高企业竞争力的需要而产生和发展起来的，其目标是实现（   ）。

A. 正确计算成本，为管理和决策提供成本信息

B. 正确计算成本，满足对外报告的需要

C. 正确计算成本，满足存货计量和利润计算的需要

D. 科学评价和估值，参与企业的经营管理

E. 科学评价和估值，满足资本市场的需要

13. 成本与管理会计是以提高经济效益为最终目的的会计信息系统，它运用一系列专门的概念和方法，通过（　　），为管理和决策提供信息，并参与企业的经营管理。

A. 确认　　　　　　　　　　B. 计量

C. 估值　　　　　　　　　　D. 分析

E. 报告

14. 下列项目中，可以作为成本与管理会计的主体的有（　　）。

A. 企业整体　　　　　　　　B. 分厂

C. 车间　　　　　　　　　　D. 班组

E. 个人

15. 成本与管理会计的基本职能包括（　　）。

A. 计划　　　　　　　　　　B. 评价

C. 控制　　　　　　　　　　D. 确保资源的有效利用

E. 报告

16. 成本与管理会计应向各级管理人员提供（　　）。

A. 与计划、评价和控制企业经营活动有关的各类信息

B. 历史信息和未来信息

C. 与维护企业资产安全、完整及资源有效利用有关的各类信息

D. 与股东、债权人及其他企业外部利益关系者决策有关的信息

E. 经营管理者所需要的全部信息

17. 成本管理的主要职能包括（　　）。

A. 成本规划　　　　　　　　B. 成本控制

C. 成本计算　　　　　　　　D. 差异分析

E. 业绩评价

五、简答题

1. 从流程角度看，企业生产经营管理包括哪些重要内容？

2. 什么是纵向价值链？纵向价值链分析的主要内容和目的是什么？

3. 什么是横向价值链？横向价值链分析的主要内容和目的是什么？

4. 什么是内部价值链？内部价值链分析的主要内容和目的是什么？

5. 为什么成本与管理会计的对象是以使用价值管理为基础的价值管理？请说明理由。

6. 在正确计算成本、为管理和决策提供成本信息时，应提供哪些经选择和加工的成本信息？

练习题参考答案

一、名词解释

1. **企业**，是以盈利为目的，运用各种生产要素（土地、劳动力、资本、技术和企业家才能等），向市场提供商品或服务，实行自主经营、自负盈亏、独立核算的社会经济组织。

2. **价值链**，由迈克尔·波特于1985年提出。他将一个企业的经营活动分解为若干战略性相关的价值活动，每一种价值活动都会对企业的相对成本地位产生影响，进而成为企业采取差异化战略的基础。供应商通过向企业出售产品对企业价值链产生影响，而企业通过向顾客销售产品影响买方的价值链。

3. **纵向价值链**，企业价值链与供应商价值链之间的联系可以通过采购活动等多个接触点实现，与顾客价值链之间的联系则通过销售和服务活动等多个接触点实现，由此将企业、供应商和顾客视为一个相互联系和相互作用的整体。这种联系可以向上延伸至原材料的最初生产者（或供应者），向下延伸到使用产成品的最终用户，形成一条从原材料投入到产成品提供给最终用户的由所有价值转移和增值环节构成的纵向价值链。

4. **横向价值链**，某一最终产品的生产可以通过多种途径和组合方式来完成，在整个社会空间上必然存在一系列互相平行的纵向价值链，所有在一组互相平行的纵向价值链上的企业之间就形成了一种相互影响、相互作用的内在联系（即横向价值链）。这种横向价值联系实际是一个产业的内部联系，相互影响和相互作用的结果决定了产业内部各企业之间的相对竞争地位，并对企业价值最大化的实现产生重要影响。

5. **SWOT分析**，SWOT是优势（strength）、劣势（weakness）、机会（opportunity）、威胁（threat）英文的首字母，SWOT分析是指确认企业各项业务经营面临的优势与劣势、机会与威胁，并据此选择企业战略。其理论基础是有效的战略能最大限度地利用业务优势和环境机会，同时使劣势和环境威胁降到最低。

6. **战略成本管理**，是战略管理会计的重要内容，是为了提高和保持企业持久的竞争优势而建立的成本管理系统。这一系统主要由价值链分析、战略定位分析、成本动因分析三个主要部分构成。

7. **成本与管理会计**，是以提高经济效益为最终目的的会计信息系统，它运用一系列专门的概念和方法，通过确认、计量、估值，为管理和决策提供信息，并参与企业的经营管理。

8. **成本规划**，是基于成本管理战略对成本管理工作的策划，是成本管理工作的总体把握，旨在为具体的成本管理提供战略思路和方法设计。

9. **成本控制**，是利用成本规划提供的基本依据和数据，采取经济、技术和组织等手段，实现成本降低或成本改善目的的一系列活动。

二、判断题

1. √ 　　　　2. √ 　　　　3. × 　　　　4. √

5. √ 　　　　6. × 　　　　7. × 　　　　8. √

9. √ 　　　　10. √ 　　　　11. √ 　　　　12. √

13. √ 　　　　14. √

三、单项选择题

1. D 　　　　2. C 　　　　3. A 　　　　4. B

5. D 　　　　6. B 　　　　7. D 　　　　8. B

9. B 　　　　10. B 　　　　11. D

四、多项选择题

1. ABE 　　　　2. ABCD 　　　　3. ABD 　　　　4. AB

5. ABC 　　　　6. ABCDE 　　　　7. ABC 　　　　8. ABD

9. ABC 　　　　10. BCD 　　　　11. ACE 　　　　12. AD

13. ABC 　　　　14. ABCDE 　　　　15. ABCDE 　　　　16. ACD

17. ABCE

五、简答题

1. 从流程角度看，企业生产经营管理包括哪些重要内容？

答：企业生产或提供符合质量要求和市场需要的商品，是为了获得价值增值。于是，企业生产经营过程具有两重性：既是使用价值的生产和交换过程，又是价值的形成和实现过程。因而使用价值管理和价值管理就成为企业生产经营管理最直接和最重要的两项内容。

当然，使用价值管理和价值管理离不开资金管理和信息管理，因此，企业生产经营必然导致物流（产品的生产和销售）、资金流（资金的流入和流出）、价值流（价值的转移和增值）、信息流（信息的生成和利用），企业生产经营管理自然包括使用价值管理、资金管理、价值管理和信息管理四大重要内容。

2. 什么是纵向价值链？纵向价值链分析的主要内容和目的是什么？

答：纵向价值链将最终产品看作一系列价值活动的集合体，企业只是整条价值链中的一环或几环。这样，企业可以从整体价值链上分析产品的成本和收益，从合理分享利润的角度进行战略规划。

纵向价值链分析旨在确定企业在哪一个或哪几个价值链节中参与竞争，具体包括：（1）产业进入和产业退出的决策。企业可以通过对某一产业（可能包括若干价值链节）在整条纵向价值链上利润共享情况的分析，以及对该产业未来发展趋势的合理预期做出进入或者退出该产业的战略决策。（2）纵向整合的决策。企业可以在某一产业范围内对企业现有生产过程进行扩张或收缩。

对纵向价值链的研究能保证企业准确确定市场定位，考虑到更广泛的有关整合和利用市场之间的战略问题。

3. 什么是横向价值链？横向价值链分析的主要内容和目的是什么？

答：横向价值联系实际是一个产业的内部联系，相互影响和相互作用的结果决定了产业内部各企业之间的相对竞争地位，并对企业价值最大化的实现产生重要影响。

横向价值链分析就是对一个产业内部的各个企业之间相互作用的分析，通过横向价值链分析可以确定企业与竞争对手之间的差异，从而确定能够为企业取得相对竞争优势的战略。

对横向价值链的研究能保证企业准确确定竞争定位。

4. 什么是内部价值链？内部价值链分析的主要内容和目的是什么？

答：企业内部价值活动是企业在经济和技术上有明确界限的各项活动，是创造对顾客有价值产品的基础。企业内部价值链分为：（1）基本职能活动，即企业履行基本管理职能的各种活动，通过整条企业内部价值链而不是单个价值活动对企业的生产经营起辅助作用。（2）人力资源管理活动，不仅支持企业各个具体的价值活动，而且支撑整条企业内部价值链。（3）生产经营活动，即从原材料投入到最终生产出满足顾客需要的产品的生产过程。

纵向价值链分析的结果在于确定企业应该生产什么，横向价值链分析则指出企业生产该种产品的竞争优势所在和限制条件。上述分析的结果最终要通过企业内部价值链的优化来落实。

5. 为什么成本与管理会计的对象是以使用价值管理为基础的价值管理？请说明理由。

答：从根本上讲，成本与管理会计的对象是以使用价值管理为基础的价值管理。

（1）从本质上讲，成本与管理会计的对象是企业的生产经营活动。

（2）从管理体现经济效益上讲，成本与管理会计的对象是企业生产经营活动中的价值运动。企业的生产经营活动表现为两个方面：一方面为使用价值的生产和交换过程，另一方面为价值形成和价值增值的过程。成本与管理会计以生产经营活动中价值形成和价值增值的过程为对象，通过对使用价值的生产和交换过程的优化，提供信息并参与决策，实现价值最大增值的目的。

（3）从实践角度上讲，成本与管理会计的对象具有复合性的特点。一方面，成本与管理会计致力于使用价值生产和交换过程的优化，强调加强作业管理，其目的在于提高生产和工作效率；另一方面，在价值形成和价值增值的过程中，成本与管理会计强调加强价值管理，其目的在于提高经济效益，实现价值的最大增值。

6. 在正确计算成本、为管理和决策提供成本信息时，应提供哪些经选择和加工的成本信息？

答：（1）与计划、评价和控制企业生产经营活动有关的各类成本信息，包括历史的和未来可能的成本信息。这些成本信息有利于各级管理者加强对生产经营过程的控制，实现最佳经营。

（2）与维护企业资产安全、完整及资源有效利用有关的各类成本信息。

（3）与股东、债权人及其他企业外部利益相关者的决策有关的成本信息，这些信息将有利于投资、借贷及有关法规的实施。

教材习题解析

一、思考题

1. 企业生产经营与价值管理的关系对学习和掌握成本与管理会计有哪些帮助？

答：两者之间的关系是业财融合、提升价值的基础。（1）企业作为以盈利为目的的社会经济组织，生产或提供符合质量要求和市场需要的商品，是为了获得价值增值。（2）企业生产经营过程具有两重性：既是使用价值的生产和交换过程，又是价值的形成和实现过程，使用价值的生产和交换是手段，价值增值是目的。（3）以使用价值的优化为手段实现价值增值离不开资金管理和信息管理。成本的计算与管理以及基于成本的各种管理，离不开对物流、资金流、价值流、信息流及其相互关系的理解和管理。

2. 经济理论对成本与管理会计的产生和发展有哪些重要影响？可以从中得到什么启示？

答：经济理论的发展特别是科学管理理论的出现促使现代会计分化为财务会计和成本与管理会计。该阶段，成本与管理会计以成本控制为基本特征，以提高企业的生产效率和工作效率为目的，其主要内容包括标准成本、预算控制和差异分析。

为适应企业管理重心由提高生产和工作效率转向提高经济效益的需要，西方管理理论出现了行为科学、系统理论、决策理论，使得成本与管理会计的理论体系逐渐完善，内容更加丰富，逐步形成了预测、决策、预算、控制、考核、评价的成本与管理会计体系。

随着市场竞争日趋激烈，战略管理理论有了长足发展，重视环境对企业经营的影响是企业战略管理的基本点。因而，战略成本与管理会计运用灵活多样的方法，收集、加工、整理与战略管理相关的各种信息，并据此协助企业管理层确立战略目标，进行战略规划，评价管理业绩。

从中得到的启示：历史证明，成本与管理会计的形成和发展受社会实践及经济理论的双重影响：一方面，社会经济的发展要求加强企业管理；另一方面，经济理论的形成又使这种要求得以实现。成本与管理会计在其形成和发展的各个阶段，无不体现着这两方面的影响。一方面，成本与管理会计的理论和技术方法会随着管理理论的发展而发展；另一方面，只有新的成本与管理会计的理论和技术方法发展了，才能满足新的管理理论实践的需要。在经济理论和成本与管理会计演化的历史长河中，经济理论历来揭示经济的本质及运行目标，而成本与管理会计则为体现这种本质并为其顺利运行提供理论和技术方法上的保障。

3. 科学管理理论对成本与管理会计有哪些重要影响？这些影响在成本与管理会计的不同发展阶段是如何表现的？

答：现代管理科学的形成与发展对成本与管理会计的形成与发展在理论上起着奠基和指导作用，在方法上赋予它现代化的方法与技术，从而使它能够突破传统会计框架的局限，在会计领域孕育出一个崭新的体系，以适应并服务于当代社会经济高速发展的需要。

在以成本控制为基本特征的成本与管理会计阶段，古典组织理论特别是科学管理理论的出现促使现代会计分化为财务会计和成本与管理会计，现代会计的管理职能得以表现出来。在该阶段，成本与管理会计以成本控制为基本特征，以提高企业的生产效率和工作效率为目的，其主要内容包括标准成本、预算控制、差异分析。

在以预测、决策为基本特征的成本与管理会计阶段，以标准成本制度为主要内容的管理控制继续得到强化并有了新的发展。责任会计将行为科学的理论与管理控制的理论结合起来，不仅进一步加强了对企业经营的全面控制（不仅是成本控制），还将责任者的责、权、利结合起来，考核、评价责任者的工作业绩，从而极大地激发了经营者的积极性和主动性。现代管理科学的形成和发展对决策性成本与管理会计的形成和发展在理论上起着奠基和指导作用，其中，赫伯特·西蒙的管理决策理论对决策性成本与管理会计的发展起到了举足轻重的作用。为了进行科学的决策分析，必须采用不同于对外报告所使用的方法来收集和计算成本数据，以供内部管理使用，于是，变动成本法应运而生，并成为现代成本与管理会计中规划和控制经济活动的重要工具。

在重视环境适应性为基本特征的战略成本与管理会计阶段，随着高新技术的发展和国际市场竞争的日趋激烈，战略管理重视环境对企业经营的影响，从战略的角度综合利用企业内外部信息进行管理活动；而会计信息系统是一个不可或缺的决策支持系统。因此，战略管理的形成导致了对战略成本与管理会计的需要。战略成本与管理会计运用灵活多样的方法，收集、加工、整理与战略管理相关的各种信息，并据此协助企业管理层确立战略目标，进行战略规划，评价管理业绩。

4. 如何理解成本与管理会计对象的复合性？复合性表现在哪些成本与管理会计内容和方法上？请举例说明。

答：从实践角度看，成本与管理会计的对象具有复合性的特点。一方面，成本与管理会计致力于使用价值生产和交换过程的优化，强调加强作业管理，其目的在于提高生产和工作效率。作业管理必然强调有用作业和无用作业的区分，并致力于消除无用作业。为此，必须按生产经营的内在联系，设计作业环节和作业链，为作业管理和成本与管理会计的实施奠定基础。另一方面，在价值形成和价值增值过程中，成本与管理会计强调加强价值管理，其目的在于提高经济效益，实现价值的最大增值。因此，价值管理必然强调价值转移、价值增值与价值损耗之间的关系：价值转移是价值增值的前提，减少价值损耗是价值增值的手段。为此，必须按照价值转移和增值的环节，设计价值环节和价值链。

正是因为成本与管理会计对象具有的复合性，才使价值管理和作业管理得以统一。例如在质量成本管理中，成本、质量得到和谐的统一。成本是实现价值的保障，而质量是投入成本的目的，从而产生不同的质量状况（质量不足、质量过剩、质量适当）及其相应的成本对策（成本增加、成本减除、成本维持）。再如在标准成本管理中，不能简单地说成本超支不好，同理也不能简单地说成本节约就好，因为只有保证功能和质量的成本才是有价值的。

5. 成本与管理会计有必要既提供财务信息又提供非财务信息吗？请解释说明。

答：有必要。随着会计由核算到管理的发展，现代会计既要提供财务信息又要提供非财务信息。（1）随着技术与经济、成本与管理的融合，成本与管理会计的会计计量从单一的货币计量发展到以货币为主的多种计量成为管理的必然。例如功能成本分析中价值系数的计算、计划评审法中成本斜率的计算，都利用了两种计量单位。这本身也体现了使用价值与价值的融合。（2）由于财务信息大多反映结果，而非财务信息大多反映过程，例如利润规划就要依据保本点、保本点销售量、保本点作业率、安全边际等过程信息，这本身也体现了结果与过程在管理中落实与融合。（3）基于竞争的战略管理会计认为，有效的评价并不在于使用财务指标还是非财务指标，而在于它能够发现企业存在的问题。从战略层面来讲，非财务指标往往比财务指标更能说明问题。

6. 成本与管理会计和财务会计在管理中能否结合应用？请举例说明。

答：成本与管理会计和财务会计在管理中可以结合应用。

从职能角度看，财务会计和成本与管理会计是互相渗透的。财务会计的职能是核算与监督，而成本与管理会计的基本职能是计划、控制、决策。核算是为企业计划、决策奠定基础，而监督则是为企业在整个经济活动过程中的合理性、合法性和有效性进行的控制。同时，决策、计划和控制又为企业的核算和监督提供了依据，两者之间是相互联系、相互合作的关系。为此，企业应改变过去那种只局限于财务会计对生产经营过程进行如实的反映，而应该运用专门的成本与管理会计方法进行预算分析，确定各方面的责任目标，建立责任中心，并对其进行控制、调节、分析、考核和评价，以达到预期的目标。由此可见，成本与管理会计经常直接应用财务会计的记账、算账和报账的资料进行分析研究，并根据这些资料进行必要的调整和延伸，使它们更有效地为加强企业内部管理服务。

许多成本分类是在财务成本计算基础上进行的，如固定成本、变动成本、边际成本、付现成本、沉没成本等，它们既满足了对外报告的需要，又满足了不同管理的需要。

7. 成本的功能是什么？对理解和掌握成本与管理会计有何帮助？

答：成本功能研究是为了解决成本信息为谁服务的问题。传统成本功能研究是基于对外报告的财务目的：成本信息以企业为主体、以产品为对象，以反映企业经营者的业绩为主要目的，最终形成资产负债表及利润表等对外报告。

但从目前看，财务会计的成本信息表现出重大缺陷：财务会计报告的管理相关性正在下降以及无法满足过程控制、多目标决策的现代管理要求。

按照现代管理的观念，成本是企业为获得未来经济利益所耗资源的货币表现，因而对成本或费用的理解就不能只局限在耗费本身，而应更加重视耗费能否带来价值增值。因此，现代成本管理强调部门的设置、活动的发生、人员的增减，都应符合成本效益的原则。也就是说，任何功能的所得必须大于所费，实现价值增值。这将导致成本效益分析等价值决策管理问题的研究，不仅可以满足"不同目的，不同成本"的过程控制和多目标管理的要求，而且使得成本管理体系更加完整和有效。

8. 请说明成本规划、成本控制、成本计算、业绩考核之间的关系。

答：完整且有效的成本管理的重点在于成本规划。成本规划在战略上对成本控制、成本计算和业绩考核进行指导，成本规划的调整是经济环境和竞争战略变动的结果。而成本控制、成本计算和业绩考核三者之间的联系就是成本信息的流动和应用。具体表现为：事先的成本计算（即成本规划）为成本控制提供满足竞争需要的成本信息；成本控制利用成本规划信息，结合其他经济、组织、技术方法对企业成本水平加以控制；事后的成本计算为考核成本控制的效果提供满足各个层面（如投资人、管理者）需要的成本信息；业绩考核根据成本计算得出的结果并结合非财务指标对成本控制活动的结果进行评价，并将评价结果及时反馈到成本计算和成本控制环节，以便改进。

二、练习题

答：（1）财务总监最关心的是负债水平及负债偿还问题。他需要了解负债总额、负债比率、负债种类、偿还期限、收益情况、资产状态等重要信息。在安邦集团通过高负债实现疯狂扩张的情况下，前期高负债率必然会对安邦集团的持续经营产生极为不利的（甚至是损害性的）影响。一旦出现不能偿付的情况，就会给债权人、投资者、社会造成巨大损失。中国保监会对安邦集团实施接管，就是基于这一考虑。

（2）会计主管最关心的是会计信息的正确披露和科学披露问题，以正确反映企业的财务状况和经营成果。例如，对外投资的账务处理以及会计政策选择是如何影响负债披露和报表编制，并对安邦集团的疯狂扩张起到推波助澜的作用的？

（3）企业总经理最关心的问题是在盈利基础上的健康、持续发展问题。例如，公司战略的制定与修订，公司风险警戒与防范，对集团公司及其下属子公司、分公司的有效监管等问题。

C 第 2 章
Chapter 2 成本的分类

学习目标

本章主要帮助学习者掌握成本分类的方法和作用，并以不同成本分类为基础建立正确的成本管理观念。

学习指导

1. 学习重点

（1）了解不同成本分类的意义，为整合成本信息、理解和把握成本与管理会计奠定基础。

（2）理解固定成本、变动成本的定义、特性、内容和相关范围，为以后相关章节的学习奠定基础。

（3）掌握混合成本分解方法（高低点法、账户分析法、工程分析法）的原理、应用和优缺点，并能结合具体项目进行有效分解。

2. 学习难点

正确理解不同成本分类下的不同成本概念之间的区别、联系及其应用环境，围绕"不同目的，不同成本"的需要理解和把握成本计算和成本管理。

练习题

一、名词解释

1. 固定成本   2. 变动成本

3. 混合成本   4. 约束性成本

5. 酌量性成本   6. 账户分析法

7. 工程分析法   8. 可控成本

9. 机会成本   10. 边际成本

11. 沉没成本   12. 付现成本

13. 专属成本   14. 联合成本

二、判断题

1. 间接人工是指为生产提供劳务但不直接进行产品制造的人工成本，如设备养护、维修人员的工资。 （　　）

2. 生产自动化水平的提高会导致制造费用在生产成本总量中所占比重增大，生产专业化分工的加深会导致制造费用的形式更加间接化。 （　　）

3. 固定成本是指其总额在一定期间内不受业务量的影响而保持固定不变的成本。 （　　）

4. 若从单位业务量所负担固定成本多寡的角度来考察，固定成本则是一个变量。 （　　）

5. 约束性固定成本通常是由企业管理当局在每一个会计年度开始前制定年度预算，一旦预算制定之后，将对年度内固定成本的支出起约束作用。 （　　）

6. 由于酌量性固定成本的大小完全取决于企业管理当局的决定，它并不能形成顾客所认为的价值，因此，在进行成本控制时应尽量压缩其总量。 （　　）

7. 如果把不同产量作为不同方案来理解，边际成本实际上就是不同方案形成的差量成本。 （　　）

8. 固定成本按照是否能够随管理行为改变而改变，划分为相关成本和无关成本两部分。 （　　）

9. 专门生产某种产品的专用设备折旧费、保险费属于该产品的专属成本。
（　　）

10. 联合成本是由多个产品或部门共同负担的成本，因此属于相关成本，决策时应予以考虑。 （　　）

11. 约束性成本不依经营管理者决策而发生变动，因此是无关成本，决策时不予考虑。 （　　）

12. 公司购买的可转让债券，既可以到期获得约定收益，又可以在未到期前中途转让获得转让收益，因而可能产生机会成本。 （　　）

13. 相关成本是对决策有影响的各种形式的未来成本。 （　　）

14. 如果一项资产只能用来实现某一职能而不能用于实现其他职能时，就不会产生机会成本。 （　　）

15. 机会成本是一项实际支出，应该登记入账。 （　　）

16. 在任何情况下，边际成本都与变动成本一致。 （　　）

17. 沉没成本是现在发生的，无法由现在或将来的任何决策所改变的成本。

                   （ ）

18. 付现成本与沉没成本的区别在于成本发生的时间不同。 （ ）

19. 工程分析法是一种相对独立的分析方法，只能适用于缺乏历史成本数据的情况。   （ ）

三、单项选择题

1. 对直接人工、直接材料和制造费用的划分或三者的构成有直接影响的是（ ）。

  A. 使用材料的政策   B. 生产方式的改变和改进

  C. 对固定资产的投资   D. 产品品种结构的改变

2. 下列费用中属于酌量性固定成本的是（ ）。

  A. 房屋及设备租金   B. 技术开发费

  C. 行政管理人员的薪酬   D. 不动产税

3. 下列费用中属于约束性固定成本的是（ ）。

  A. 照明费   B. 广告费

  C. 职工教育培训费   D. 业务招待费

4. 下列各种混合成本可以用模型 $y=a+bx$ 表示的是（ ）。

  A. 半固定成本   B. 延伸变动成本

  C. 半变动成本   D. 阶梯式变动成本

5. 假设每个质检员最多检验 1 000 件产品，也就是说产量每增加 1 000 件就必须增加一名质检员，且在产量一旦突破 1 000 件的倍数时就必须增加。那么，该质检员的工资成本属于（ ）。

  A. 半变动成本   B. 半固定成本

  C. 延伸变动成本   D. 变动成本

6. 当企业实行计时工资制时，其支付给职工的正常工作时间内的工资总额是固定不变的；但当职工的工作时间超过正常水平，企业须按规定支付加班工资，且加班工资的多少与加班时间的长短成正比例关系。那么，上述这种工资成本属于（ ）。

  A. 延伸变动成本   B. 变动成本

  C. 半变动成本   D. 半固定成本

7. 采用散布图法分解混合成本时，通过目测在各成本点之间画出一条反映成本变动趋势的直线，这条直线与纵轴的交点就是固定成本，斜率则是变动成本。理论上这条直线距离各成本点之间的（ ）最小。

  A. 距离之和   B. 离差之和

  C. 离差平方和   D. 标准差

8. （　　）是分解混合成本诸多方法中最为简单的一种，通常用于特定期间总成本的分解。

A. 高低点法　　　　　　　　　　B. 账户分析法

C. 回归分析法　　　　　　　　　D. 工程分析法

9. 成本与管理会计将成本区分为固定成本、变动成本和混合成本三大类，这种分类的标志是（　　）。

A. 成本的可辨认性　　　　　　　B. 成本的可盘存性

C. 成本的性态　　　　　　　　　D. 成本的时态

10. （　　）在决策中属于无关成本。

A. 边际成本　　　　　　　　　　B. 沉没成本

C. 专属成本　　　　　　　　　　D. 机会成本

11. 在有关产品是否进行深加工的决策中，深加工前的半成品成本属于（　　）。

A. 估算成本　　　　　　　　　　B. 重置成本

C. 机会成本　　　　　　　　　　D. 沉没成本

12. 下列各项中属于无关成本的是（　　）。

A. 专属成本　　　　　　　　　　B. 联合成本

C. 差量成本　　　　　　　　　　D. 可选择成本

13. 两个可供选择的方案之间预期成本的差异即是（　　）。

A. 边际成本　　　　　　　　　　B. 变动成本

C. 差量成本　　　　　　　　　　D. 机会成本

14. 某企业在6年前购置一台机床，原价18 000元，拟报废清理或修理后作价出售，假定报废后得残值1 200元，进行修理则需花费4 000元，修理后作价8 000元，那么（　　）元是沉没成本。

A. 18 000　　　　B. 1 200　　　　C. 4 000　　　　D. 8 000

15. 企业5年前购进了一台机器，现已折旧，拟购买一台价值为40 000元的更新式机器取代，卖方提出可以用旧机器作价14 500元进行交换，其余的25 500元以现金支付，则该方案的付现成本是（　　）元。

A. 40 000　　　　　　　　　　　B. 14 500

C. 25 500　　　　　　　　　　　D. 11 000

16. 公司购买的一次还本付息债券只能在到期时获得约定的收益，因而不会产生的成本是（　　）。

A. 沉没成本　　　　　　　　　　B. 机会成本

C. 差量成本　　　　　　　　　　D. 固定成本

17. 某企业生产某种半成品 2 000 件，完成一定加工工序后，可以立即出售，也可以进一步深加工之后再出售。如果立即出售，每件售价 15 元，若深加工后出售，售价为 24 元，但要多付加工费 9 500 元，则继续进行深加工的机会成本为（　　）元。

  A. 48 000   B. 30 000   C. 9 500   D. 18 000

18. 如上题条件，立即出售的机会成本为（　　）元。

  A. 48 000   B. 30 000   C. 38 500   D. 18 000

19. 某人有现金 10 000 元，他若购买企业债券，年息 10%；若购买金融债券，则年息 12%。那么，他购买企业债券的机会成本是（　　）元。

  A. 1 000   B. 1 200   C. 200   D. 800

20. 有一批可修复废品，存在两种处置方案：一是降价后直接出售；二是修复后按正常价格出售，修复成本为 3 000 元。降价后出售收入为 7 000 元，修复后出售收入为 11 000 元，那么差量损益为（　　）元。

  A. 3 000   B. 4 000   C. 8 000   D. 1 000

四、多项选择题

1. 会计学认为，成本是为达到一个特定目标所失去或放弃的一切可以用货币计量的耗费，可以分为（　　）。

  A. 财务成本   B. 代理成本

  C. 历史成本   D. 机会成本

  E. 管理成本

2. 财务会计的成本信息表现出的重大缺陷有（　　）。

  A. 财务会计报告的管理相关性正在下降

  B. 不能正确揭示成本的本源，不利于成本管理工作的深入

  C. 对资产负债表及利润表等对外报告的正确阐述有不利影响

  D. 无法满足过程控制、多目标决策的现代管理要求

  E. 无法满足投资者的决策要求

3. 按照管理的观念，成本是企业为获得未来经济利益所耗资源的货币表现，包括（　　）。

  A. 资产   B. 负债

  C. 所有者权益   D. 收入

  E. 利润

4. 下列各项中在相关范围内固定不变的有（　　）。

  A. 固定成本   B. 单位产品固定成本

  C. 变动成本   D. 单位变动成本

  E. 历史成本

5. 下列各成本概念中属于无关成本的有（　　　）。

A. 专属成本　　　　　　　　　B. 沉没成本

C. 历史成本　　　　　　　　　D. 共同成本

E. 混合成本

6. 下列成本中一般可以归属于相关成本的有（　　　）。

A. 差量成本　　　　　　　　　B. 机会成本

C. 边际成本　　　　　　　　　D. 付现成本

E. 联合成本

7. 可选择成本包括（　　　）。

A. 广告费　　　　　　　　　　B. 固定资产折旧

C. 研究开发费　　　　　　　　D. 管理人员奖金

E. 管理部门办公费

8. 下列各项中属于沉没成本的有（　　　）。

A. 固定资产　　　　　　　　　B. 无形资产

C. 长期待摊费用　　　　　　　D. 在建工程已付费用

E. 产品材料成本

9. 下列各项中属于约束性成本的有（　　　）。

A. 不动产的税金　　　　　　　B. 职工的培训费

C. 企业管理人员的工资　　　　D. 企业发生的广告费

E. 厂房、设备等固定资产所提的折旧

10. 联合成本包括（　　　）。

A. 专门生产某种产品的专用设备的折旧费

B. 专门生产某种产品的专用设备的保险费

C. 几种产品共同使用的设备的折旧费

D. 辅助车间成本

E. 专门生产某种产品的专用设备的维修费

11. 采用高低点法分解混合成本时，应当选择（　　　）作为低点和高点。

A.（50，100）　　　　　　　　B.（60，120）

C.（50，120）　　　　　　　　D.（70，130）

E.（60，130）

12. 混合成本根据发生的具体情况，通常可以分为（　　　）。

A. 半变动成本　　　　　　　　B. 半固定成本

C. 延伸变动成本　　　　　　　D. 延伸固定成本

E. 非制造成本

13. 混合成本的分解方法很多，通常有（　　）。

A. 高低点法　　　　　　　　　B. 散布图法

C. 指数法　　　　　　　　　　D. 账户分析法

E. 工程分析法

14. 基于财务报告目的进行的分类包括（　　）。

A. 按经济用途分类

B. 按成本性态分类

C. 按成本与特定成本计算对象的关系分类

D. 按成本与管理者的行为分类

E. 按成本与收入相配合的时间分类

五、简答题

1. 成本与管理会计对成本的基本分类有哪些？各种分类的主要目的是什么？

2. 成本按经济用途是如何分类的？其主要用途是什么？

3. 成本按经济用途分类的结果是如何影响资产负债表和利润表的？

4. 成本按与特定成本计算对象的关系是如何分类的？其基本用途是什么？

5. 简述运用高低点法分解混合成本的基本做法和需要注意的问题。

6. 说明账户分析法分解混合成本的基本做法或步骤。

7. 高低点法应用的原理是对哪些管理会计概念的运用？

8. 边际成本和变动成本的含义及其区别是什么？

六、计算题

1. 某家具公司生产一张桌子的全部制造成本是 200 元，其中，原材料 80 元，直接人工 60 元。固定资产折旧在内的所有固定费用为 1 000 万元。现有一客户只愿出 180 元来购买。卖或不卖？公司管理层有两种不同的意见：一种意见是不卖，理由是价格低于成本，每张桌子要亏损 20 元；另一种意见是卖，理由是价格超过了变动成本，每张桌子售价是 180 元，卖出一张桌子可获得贡献毛益 40 元。

请问：

（1）不同意见各是基于什么成本的思考做出的？

（2）你赞成哪种意见？理由是什么？

2. 某公司请孙教授授课，授课地点距离孙教授家约 100 千米，公司派车经高速公路接送，早晨接晚上送。如果车辆购置费用为 50 万元，可以使用 10 年，期满无残值。车辆行驶每百千米油耗为 8 升，每升油价为 8 元，每千米高速公路收费 0.5 元。车辆每年的运行和维护费用为 6 万元，司机每月工资为 8 000 元。

要求：

（1）基于成本按经济用途的分类计算完成一天接送任务的成本。

（2）假设孙教授自己开车授课，公司给予 280 元的补贴，此时基于按经济用途分类的成本又将如何定义和决策？

（3）当司机接送并圆满完成任务时，节约费用的40％归个人，孙教授在车上时走高速公路，不在车上时走一般公路。此时将如何决策？

3. 甲企业1月1日实现销售收入1亿元，销售成本为7 000万元，所得税税率为25％，该笔销售使得企业税后利润增加2 250万元。在该期间，银行贷款利率为7％，甲企业的平均收益率为10％。

要求：

（1）从财务会计角度计算并评价甲企业的业绩。

（2）如果1月1日实现销售收入1亿元但在12月31日流入现金1亿元，请基于现金流量计算并评价甲企业的业绩。

（3）如果1月1日实现销售收入1亿元但在12月31日流入现金1亿元，请思考并计量这种不一致给企业带来的影响和结果，并思考如何做才能增加企业的价值。

练习题参考答案

一、名词解释

1. 固定成本，是指在一定期间和一定业务量范围内，其总额不受业务量变动的影响而保持固定不变的成本，如行政管理人员的工资、办公费、财产保险费、不动产税、按直线法计提的固定资产折旧费、职工教育培训费等。

2. 变动成本，是指在一定期间和一定业务量范围内，其总额随着业务量的变动而呈正比例变动的成本，如直接材料成本、产品包装费、按件计酬的工人薪金、推销佣金以及按加工量计算的固定资产折旧费等。

3. 混合成本，是指那些"混合"了固定成本和变动成本两种不同性态的成本，如半变动成本、半固定成本、延伸变动成本。

4. 约束性成本，是指企业管理当局的决策无法改变其支出数额的成本，如厂房及机器设备按直线法计提的折旧费、房屋及设备租金、不动产税、财产保险费、照明费、行政管理人员的薪金、直接材料成本等。约束性成本是企业维持正常经营能力所必须负担的最低成本，其支出数额的大小只取决于企业生产经营的规模与质量，因而具有很大的约束性，企业管理当局的当前决策不能改变其数额。

5. 酌量性成本，是指企业管理当局的决策可以改变其支出数额的成本，如广告费、职工教育培训费、技术开发费、按产量计酬的工人薪金、按销售收入的一定比例计算的销售佣金等。这些成本的基本特征是，其数额的大小直接取决于企业管理当局根据企业的经营状况做出的决策。

6. 账户分析法，是根据各个成本、费用账户（包括明细账户）的内容，直接判断其与业务量之间的相互变动关系，从而确定其成本性态的成本分解方法。

7. 工程分析法，是运用工业工程的研究方法来研究影响各有关成本项目数额大小的每个因素，并在此基础上直接估算出固定成本和单位变动成本的成本分解方法。

8. 可控成本，是指能由责任中心或责任者控制的成本，如运输部门的油料消耗、过路费等。

9. 机会成本，企业在进行经营决策时，必须从多个备选方案中选择一个最优方案，而放弃其他方案。此时，被放弃的次优方案所可能获得的潜在利益就称为已选中的最优方案的机会成本。

10. 边际成本，是指产量每增加或减少1个单位所引起的成本变动数额。

11. 沉没成本，是指过去已经发生并且无法由现在或将来的任何决策改变的成本，如固定资产折旧、无形资产摊销等。

12. 付现成本，是指现在或将来的任何决策能够改变其支出数额的成本，如当决定生产甲产品时为生产甲产品所需要投入的设备、人工、材料等。

13. 专属成本，是指可以明确归属于企业生产的某种产品，或为企业设置的某个部门而发生的固定成本。没有这些产品或部门，就不会发生这些成本，所以专属成本是与特定的产品或部门相联系的特定成本。如专门生产某种产品的专用设备折旧费、保险费等。

14. 联合成本，是指为多种产品的生产或为多个部门的设置而发生的、应由这些产品或这些部门共同负担的成本。如在企业生产过程中，几种产品共同负担的设备折旧费、辅助车间成本等。

二、判断题

1. √	2. ×	3. ×	4. √
5. √	6. ×	7. √	8. ×
9. √	10. ×	11. √	12. √
13. √	14. √	15. ×	16. ×
17. ×	18. √	19. ×	

三、单项选择题

1. B	3. B	3. A	4. C
5. B	6. A	7. C	8. B
9. C	10. B	11. D	12. B
13. C	14. A	15. C	16. B
17. B	18. C	19. B	20. D

四、多项选择题

1. AE	2. AD	3. ABC	4. AD
5. BCD	6. ABCD	7. ACD	8. ABCD
9. ACE	10. CD	11. AD	12. ABC

13. ABDE　　　14. ACE

五、简答题

1. 成本与管理会计对成本的基本分类有哪些？各种分类的主要目的是什么？

答：对成本的基本分类有：（1）成本按经济用途可以分为制造成本和非制造成本两大类，这是财务会计中有关成本分类最主要的方法，也是一种传统的分类方法。其分类结果主要用来确定存货成本和期间损益，满足对外财务报告的需要。（2）成本按性态可以分为固定成本、变动成本和混合成本三类，这是管理会计这一学科的重要基石，管理会计作为决策会计的角色，其许多决策方法尤其是短期决策方法都需要借助成本性态这一概念。其分类结果主要用于分析和决策，满足对内管理的需要。（3）其他基于管理需要的成本概念及分类，如机会成本、边际成本、付现成本等，其成本概念及分类结果主要用于分析和决策，满足对内管理的需要。

2. 成本按经济用途是如何分类的？其主要用途是什么？

答：成本按经济用途分为制造成本和非制造成本，这是财务会计有关成本分类最主要和最基本的方法。其分类结果主要用来确定存货成本和期间损益，满足对外财务报告的需要。

3. 成本按经济用途分类的结果是如何影响资产负债表和利润表的？

答：成本按经济用途可分为制造成本和非制造成本。（1）制造成本是指生产单位（如车间）在生产产品过程中发生的各项费用，包括直接材料、直接人工和制造费用。制造成本通过多次分配和计算表现为产品成本，并随销售进入利润表（表现为已销售产成品的成本），或结存进入资产负债表（表现为未销售产成品、在制品、材料等的存货成本）。（2）非制造成本是指管理部门在组织和管理过程中发生的各项费用，包括销售费用、管理费用和财务费用。非制造成本在财务会计上被处理为期间成本，直接计入当期损益，一次性进入利润表。

4. 成本按与特定成本计算对象的关系是如何分类的？其基本用途是什么？

答：成本按与特定成本计算对象的关系，可分为直接成本和非直接成本，此处特定成本计算对象可以是产品、步骤、批别，也可以是项目、责任中心或作业。其分类结果主要用来确定特定成本计算对象的成本，满足对外财务报告及内部经营管理的需要。

5. 简述运用高低点法分解混合成本的基本做法和需要注意的问题。

答：采用高低点法分解混合成本时，其基本做法是以某一期间内最高业务量的混合成本值（即高点）与最低业务量的混合成本值（即低点）的差数，除以最高业务量与最低业务量的差数，以确定单位业务量的成本变量（即单位变动成本），进而确定和分解混合成本中的变动成本部分和固定成本部分。

运用高低点法分解混合成本应注意两个问题：第一，高点和低点的业务量为该项混合成本相关范围的两个极点，超出这个范围则不一定适用在这个范围得出的数学模型；第二，高低点法是以高点和低点的数据来描述成本性态的，因而带有一定的偶然性，这种偶然性会对未来成本的预计产生影响。

6. 说明账户分析法分解混合成本的基本做法或步骤。

答：账户分析法是根据各个成本费用项目（包括明细账户）的内容，直接判断其与业务量之间的依存关系，从而确定其成本性态的一种成本分解方法。其基本做法是根据各有关成本账户的具体内容，判断其特征是更接近于固定成本，还是更接近于变动成本，进而直接将其确定为固定成本或变动成本。就账户分析法的对象而言，这一方法通常用于特定期间总成本的分解，而且对于成本性态的确认通常也只限于成本性态相对比较典型的成本项目，而对于成本性态不那么典型的成本项目，则应采用其他的成本分解方法。

7. 高低点法应用的原理是对哪些管理会计概念的运用？

答：高低点法应用了管理会计两个重要的概念：变动成本和固定成本。由于固定成本总额在一定期间和一定业务量范围内不受业务量变动的影响保持固定不变，而变动成本总额在一定期间和一定业务量范围内随着业务量的变动呈正比例变动，因此一定期间内最低业务量与最高业务量的差反映业务量的变动，最低业务量的混合成本值与最高业务量的混合成本值的差反映变动成本的变动。基于上述两个概念的理解，最高业务量的混合成本值与最低业务量的混合成本值的差，除以最高业务量与最低业务量的差，即为单位变动成本。如果将单位变动成本 b 代入 $y=a+bx$，就可以确定混合成本中的固定成本部分。

8. 边际成本和变动成本的含义及其区别是什么？

答：从理论上讲，边际成本是指产量（业务量）向无限小变化时成本的变动数额。当然，这是从纯经济学角度来讲的，事实上，产量不可能向无限小变化，至少应为 1 个单位的产量。因此，边际成本也就是产量每增加或减少 1 个单位所引起的成本变动数额。

变动成本是指那些成本的总发生额在相关范围内随着业务量的变动而呈线性变动的成本。直接人工、直接材料都是典型的变动成本，在一定期间内它们的发生总额随着业务量的增减呈正比例变动，但单位产品的耗费则保持不变。

因此，边际成本和变动成本是有区别的，变动成本反映的是增加单位产量所追加成本的平均变动，而边际成本是反映每增加 1 个单位产量所追加的成本的实际数额。所以，只有在相关范围内，增加 1 个单位产量的单位变动成本才能和边际成本相一致。

六、计算题

1. 答：

（1）第一种意见是基于成本按经济用途的分类做出的。此时，成本分为制造成本和非制造成本。当制造成本为 200 元时，销售每张桌子亏损 20 元。第二种意见是基于成本按性态的分类做出的。此时，成本分为变动成本和固定成本，每张桌子的变动成本是 140 元（80＋60），固定成本是 60 元。由于固定成本总额不变，因此卖出一张桌子可获得贡献毛益 40 元。

（2）我赞成第二种意见，因为固定资产折旧不仅属于约束性固定成本，而且属于沉没成本，与决策无关。

2. 答：

（1）完成一天接送任务的成本。

$$车辆折旧＝500\,000÷10÷365＝136.98（元）$$
$$车辆运行和维护费＝60\,000÷365＝164.38（元）$$
$$司机工资＝8\,000÷30＝266.67（元）$$
$$油耗＝100×4×0.08×8＝256（元）$$
$$过路费＝100×4×0.5＝200（元）$$
$$合计＝1\,024.03（元）$$

（2）孙教授自己开车授课时的决策成本。

车辆折旧、车辆运行和维护费、司机工资既属于固定成本，又属于沉没成本，作为无关成本，决策时可以不考虑。油耗和过路费既属于变动成本，又属于与决策相关的付现成本，两项相加为 456 元。而孙教授自己开车公司支付补贴 280 元，公司节约成本 176 元。

（3）对司机奖励时的决策成本。

车辆折旧、车辆运行和维护费、司机工资仍属于沉没成本，作为无关成本，决策时不予考虑。油耗虽然属于付现成本，但如果走高速公路和走一般公路的油耗没有变化，属于无关成本。相关付现成本只有过路费，金额为 200 元。由于路程的 50% 走高速公路，因而过路费减少 100 元。在奖励司机 40% 时，公司节约成本 60 元。

3. 答：

（1）财务会计按照权责发生制计算收入、成本和利润。甲企业 1 月 1 日实现销售收入 1 亿元，配比销售成本和所得税，该笔销售使得企业税后利润增加 2 250 万元。从财务会计计量的结果看，无论利润还是利润率都是不错的。

（2）现金流量（包括现金流入、现金流出和现金结存）是按照收付实现制确定的。如果 1 月 1 日实现销售收入 1 亿元但在 12 月 31 日收到现金 1 亿元，从财务管理计量的结果看，将产生 1 亿元的应收账款，业绩显然不如 1 月 1 日收到现金 1 亿元。

（3）管理会计通过计量和估值，达到价值最大化的目的。显然，这种不一致将会给企业带来损害（如图 2-1 所示）。

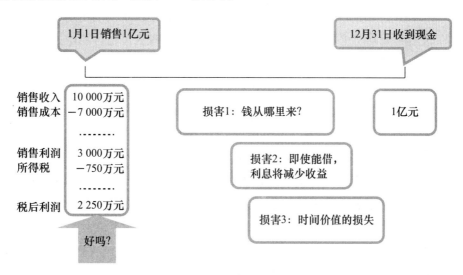

图 2-1　账面收益损害示意图

这种损害至少包括三个部分：首先是财务成本，如果借贷利率为 7%，为维持简单再生产及缴纳税款需借贷 7 750 万元，则财务成本为 542.5 万元，并导致该笔销售的利润减少到 1 707.5 万元。其次是机会成本，如果该期间平均收益率为 10%，则由于时间价值产生的机会成本为 910 万元，企业价值下降了。于是，这两项可计量损失（财务成本与机会成本之和）合计为 1 452.5 万元（542.5＋910）。最后是隐性损失，如果资金链断裂导致企业破产，则该项损失为隐性损失，既无法计量又无处反映，影响更大。

于是，管理会计可以通过缩短应收账款账期、改变销售策略（如在产品适销对路的情况下，采用预收或现金结算）等方法来减少成本和损害。

教材习题解析

一、思考题

1. 按照成本性态，企业全部成本可分为哪几类？它们各自的含义、构成和相关范围是什么？

答：按成本性态可以将全部成本分为固定成本、变动成本和混合成本。

（1）固定成本是指在一定期间和一定业务量范围内，其总额不受业务量变动的影响而保持固定不变的成本。固定成本总额不受业务总量变动的影响而固定不变，但单位业务量所负担的固定成本直接受业务总量变动的影响，随业务总量的增加而减少。

固定成本的"固定性"是有限定条件的，表现为一定的期间范围和一定的空间范围。就期间范围而言，固定成本表现为在某一特定期间内具有固定性。从较长时间看，所有成本都具有变动性，即使约束性固定成本也是如此。随着时间的推移，一个正常成长的企业，其经营能力无论是从规模上还是从质量上均会发生变化：厂房势必扩大、设备势必更新、行政管理人员也可能增加，这些均会导致折旧费用、财产保险费以及行政管理人员薪金的增加。经营能力的逆向变化也会导致上述费用发生变化。就空间范围而言，固定成本表现为在某一特定业务量水平内具有固定性。业务量一旦超出这一水平，同样势必扩大厂房等，这样相应的费用也会增加。

（2）变动成本是指在一定期间和一定业务量范围内，其总额随着业务量的变动而呈正比例变动的成本。单位变动成本不受业务总量变动的影响而固定不变，但变动成本总额受业务总量变动的影响，随业务总量的增加而增加。

变动成本的变动性也有其相关范围。变动成本总额与业务量之间的这种正比例变动关系（即完全线性关系）只是在一定业务量范围内实现的，超出这一业务量范围，两者之间就可能不存在这种正比例变动关系。

（3）混合成本是指那些"混合"了固定成本和变动成本两种不同性态的成本。混合成本根据其发生的具体情况，通常可以分为三类：第一类是半变动成本；第二类是半固定成本；第三类是延伸变动成本。混合成本也有其相关范围，它们的固定性体现在一定的业务量范围内，如果突破了这个限制，就会表现出一定的变动性。

2. 可控成本应同时符合哪些条件？如何理解"成本的可控与否是相对而言的"这句话？

答：可控成本是指能由责任中心或责任者控制的成本。一般来讲，可控成本应同时符合以下三个条件：（1）责任中心或责任者能够通过一定方式事先了解将要发生的成本；（2）责任中心或责任者能够对成本进行有效计量；（3）责任中心或责任者能够通过自己的行为对成本加以调节和控制。凡是不能同时符合上述三个条件的成本通常为不可控成本。

成本的可控与否是相对而言的，这与责任中心或责任者所处管理层级的高低、管理权限的大小以及控制范围的大小有直接关系。对企业来说，几乎所有成本都可以被视为可控成本，一般不存在不可控成本；而对于企业内部的各个部门、车间、工段、班组来说，既有其各自专属的可控成本，又有其各自的不可控成本。一项成本对于较高层级的责任中心来说属于可控成本，对于其下属的较低层级的责任中心来说可能就是不可控成本；反过来，较低层级责任中心的可控成本则一定是其所属的较高层级责任中心的可控成本。如生产车间发生的折旧费对于生产车间而言属于可控成本，但对于其下属的班组来说则属于不可控成本。

3. 什么是机会成本？为什么在决策时应考虑机会成本？

答：企业在进行经营决策时，必须从多个备选方案中选择一个最优方案，而放弃其他方案。此时，被放弃的次优方案所可能获得的潜在利益就称为已选中的最优方案的机会成本。也就是说，不选其他方案而选最优方案的代价，就是已放弃方案的获利可能。选择方案时，将机会成本的影响考虑进去，有利于对所选方案的最终效益进行全面评价。

4. 差量成本与边际成本的含义各是什么？二者有哪些区别？

答：差量成本是指企业在进行经营决策时，根据不同备选方案计算出来的成本差异。从理论上讲，边际成本是指产量（业务量）向无限小变化时成本的变动数额。当然，这是从纯经济学角度来讲的，事实上，产量不可能向无限小变化，至少应为 1 个单位的产量。因此，边际成本也就是产量每增加或减少 1 个单位所引起的成本变动数额。如果把不同产量作为不同方案来理解的话，边际成本实际就是不同方案形成的差量成本。

5. 什么是相关成本和无关成本？如何理解"相关成本与无关成本的区分并不是绝对的"这句话？

答：相关成本与无关成本的划分依据是该成本是不是与经营决策有关的未来成本。相关成本是对决策有影响的各种形式的未来成本，如差量成本、机会成本、边际成本、付现成本、专属成本、可选择成本等。那些对决策没有影响的成本，称为无关成本。这类成本过去已经发生，或对未来决策没有影响，因而在决策时不予考虑，如沉没成本、联合成本、约束性成本等。

相关成本与无关成本的区分并不是绝对的。有些成本在某一决策方案中是相关成本，而在另一决策方案中却可能是无关成本。例如，A、B 两种同类型产品都能满足公司的要求，从中选择购买一种产品。如果 A 是国产产品，价格是10 000 元，B 是进口产品，价格是 12 000 元，在购买决策中相关成本为差量成本2 000 元。因为不管公司决定购买哪种产品，其无差别成本 10 000 元都要发生。就 A、B 两种同类型产品决策而言，相关成本就是 2 000 元值不值得发生的问题。

但如果决定购买 A 国产产品后，考虑分期支付还是一次支付，一次支付价格 10 000 元就成为决策相关成本，而不是无关成本。

6. 什么是付现成本和沉没成本？这种成本分类有什么作用？

答：付现成本是指由现在或将来的任何决策能够改变其支出数额的成本，是决策必须考虑的重要影响因素。在短期经营决策中，若面临货币资金短缺而向市场筹集资金很困难，往往选择付现成本最低而不是总成本最低的方案为优。

沉没成本是指过去已经发生并且无法由现在或将来的任何决策改变的成本，是对现在或将来的任何决策都无影响的成本。沉没成本是企业在以前经营活动中已经支付现金，而在现在或将来经营期间摊入成本费用的支出。因此，固定资产、无形资产、递延资产、因失误造成的不可收回的投资等均属于企业的沉没成本。沉没成本是一种历史成本，对现有决策而言是不可控成本，不会影响当前行为或未来决策。

7. 什么是固定成本和变动成本？二者各有哪些特性？

答：固定成本是指在一定期间和一定业务量范围内，其总额不受业务量变动的影响而保持固定不变的成本。其基本特征是：固定成本总额不受业务总量变动的影响，但单位业务量所负担的固定成本随业务总量的变化呈反比例变动。

变动成本是指在一定期间和一定业务量范围内，其总额随着业务量的变动而呈正比例变动的成本。与固定成本形成鲜明对照的是，变动成本的总量随业务总量的变化呈正比例变动，而单位业务量中的变动成本是一个定量。

二、练习题

1. 答：

（1）将设备用于生产的机会成本为 15 000 元；将设备用于出租的机会成本为 20 000 元。

（2）生产与出租相比，差量收入为 35 000 元，差量成本为 30 000 元，差量收益为 5 000 元，因此，应选择将设备用于生产。

2. 答：

（1）采用高低点法对电费进行分解。

设高点的成本性态为：

$$y_1 = a + bx_1 \qquad ①$$

低点的成本性态为：

$$y_2 = a + bx_2 \qquad ②$$

由式①和式②可得

$$b = (y_1 - y_2)/(x_1 - x_2) \qquad ③$$

取高点（1 800，7 250）、低点（900，4 250），将数据代入式③，可得

$$b = 3.33$$

将 $b = 3.33$ 代入式①，可得

$$a = 1 256$$

因此，混合成本的数学模型为：$y = 1 256 + 3.33x$。

（2）根据 $y = 1 256 + 3.33x$，当产量 $x = 1 700$ 时，电费 $y = 6 917$ 元。

3. 答：

（1）果树价值（结出苹果前）：

果树购置成本（55×6）	330 元
水电费等（400×3）	1 200 元

化肥（3×500×3）	4 500 元
农药（250×3）	750 元
冬季修剪果树（150×3）	450 元
果树环割（150×3）	450 元
总价值	7 680 元

（2）产品成本（结出苹果后）：

水电费等	400 元
化肥	1 500 元
农药	250 元
冬季修剪果树	150 元
果树环割	150 元
苹果袋	300 元
套袋人工费	400 元
取果袋、摘苹果	1 000 元
果树价值的分摊（7 680÷32）	240 元
总成本	4 390 元

毛利（丰果期）：

收入（4 500×2.7）	12 150 元
成本	4 390 元
毛利	7 760 元

（3）利润（丰果期）：

毛利	7 760 元
管理费用（1 080 000÷800）	1 350 元
销售费用（160 000÷800）	200 元
土地租赁成本	350 元
利润	5 860 元

（4）第 9 年年底转让，每亩苹果树的最低转让价值为：

$$7\ 680-7\ 680÷32×7=6\ 000(元)$$

4. 答：

该案例揭示了固定成本和变动成本特性对企业竞争和盈利的不同影响：由于固定成本总额的不变和单位产量固定成本的递减，决定了控制固定成本的思路。控制固定成本，一是源头控制，即在固定成本前予以控制（如裁减工人、关闭工厂、消减福利、冻结养老金等）；二是增加产量以降低单位产量固定成本。由于变动成本总额的递增和单位产量变动成本的不变，决定了控制变动成本只能通过减少单位产品的变动成本，如材料。

C 第 3 章
Chapter 3 成本计算原理

□ **学习目标**

本章主要帮助学习者了解成本计算的概念，理解成本计算的基本要求和基本程序，掌握成本计算的基本原理。

□ **学习指导**

1. 学习重点

（1）在了解成本计算概念的基础上，理解成本计算对象、成本计算内容和成本计算的基本要求和程序。

（2）掌握成本计算相关账户的设置、作用及其相互关系，并熟练掌握各种费用归集的路径和方法，最终正确计算成本。

2. 学习难点

（1）成本计算的基本原理是所有成本计算方法的基础和框架。

（2）正确理解和掌握成本计算的基本要求（尤其是正确划分费用界限）是正确计算成本的根本。

（3）成本计算实质上是成本的归集和分配，应熟练掌握成本归集的流程以及相关账户的设置和运用。

（4）各项费用分配方法的适应性和运用。

□ **练习题**

一、名词解释

1. 成本计算　　　　　　　　　　　　2. 生产成本

3. 期间费用　　　　　　　　　4. 直接分配法

5. 交互分配法　　　　　　　　6. 计划成本分配法

7. 约当产量

二、判断题

1. 成本是为实现一定目的而发生的耗费，是对象化的耗费。　　　　　　（　　）

2. 在单步骤生产状态下，产品生产只能一次完成，不能间断，因此只能按产品的品种计算成本。　　　　　　　　　　　　　　　　　　　　　　　　（　　）

3. 在多步骤生产状态下，产品生产往往要经过若干环节才能完成，因此为了加强各个生产步骤的成本管理，既要按生产步骤又要按产品的品种计算成本。

（　　）

4. 企业在经营过程中发生的各项经营管理费用，应计入产品成本。　（　　）

5. 凡有经济活动的地方，就有成本计算和成本管理的存在。　　　　（　　）

6. 企业一定时期发生的生产费用等于同一时期的产品成本总额。　　（　　）

7. 企业的原材料、设备等在生产过程中被消耗或改变实物形态，其价值应一次性转移到产品中，构成产品生产成本的主要组成部分。　　　　　　　（　　）

8. 只要是原材料消耗，其价值都应一次性转移到产品中，构成产品生产成本的主要组成部分。　　　　　　　　　　　　　　　　　　　　　　　　（　　）

9. 企业的活动是多方面的，企业耗费和支出的用途也是多方面的，其中只有一部分费用可以计入产品成本。但生产经营活动的成本应计入产品成本。

（　　）

10. 交互分配法先将辅助生产车间发生的费用在相互提供劳务的各辅助生产车间之间进行分配（对内分配），然后将各辅助生产车间交互分配后的实际费用在辅助生产车间以外的各受益单位之间进行分配。　　　　　　　　　　　（　　）

11. 对内（交互）分配率（单位成本）等于分配的辅助生产费用总额除以辅助生产对外分配总量。　　　　　　　　　　　　　　　　　　　　　　　（　　）

三、单项选择题

1. 成本计算对象的确定取决于（　　）。

A. 生产特点　　　　　　　　　B. 企业类型

C. 管理要求　　　　　　　　　D. 生产特点和管理要求

2. 从理论上讲，成本是（　　）。

A. 企业在生产过程中所耗费的、用货币表现的生产资料的价值

B. 劳动者为自己所创造的价值

C. A 与 B 之和

D. 企业的全部耗费

3. 不能保证正确划分各会计期间的成本界限的错误做法是（　　）。

A. 不能提前结账，将本月费用作为下月费用处理

B. 不能延后结账，将下月费用作为本月费用处理

C. 在时间紧张的情况下，可以提前结账，只要对年对月对日就行

D. 本月已经支付但应由以后各月负担的费用，应作为待摊费用处理

4. 在完工产品和在产品之间分配的费用是（　　）。

A. 月初在产品成本

B. 本月发生生产费用

C. 月初在产品成本＋本月发生生产费用

D. 制造费用

5. 如果月末在产品数量很少，或者在产品数量虽多但各月之间在产品数量变动不大，月初、月末在产品成本的差额对完工产品成本影响不大，生产费用在完工产品与在产品之间的分配可以采用（　　）。

A. 不计算在产品成本（即在产品成本为零）

B. 在产品成本固定按年初数计算

C. 在产品成本按其所耗用的材料费用计算

D. 在产品成本按定额成本计算

6. 如果月末在产品数量较多且月末在产品结存数量不稳定、变化较大，其他方法受限制不宜采用，生产费用在完工产品与在产品之间的分配可以采用（　　）。

A. 在产品成本固定按年初数计算

B. 在产品成本按其所耗用的材料费用计算

C. 在产品成本按定额成本计算

D. 约当产量法

7. 下列各项中不应计入产品成本的是（　　）。

A. 废品损失　　　　　　　　　　B. 管理费用

C. 修理期间的停工损失　　　　　D. 季节性停工损失

8. 在采用品种法计算产品成本的企业或车间中，若只生产一种产品，所发生的生产费用（　　）。

A. 全部都是直接计入费用

B. 全部都是间接计入费用

C. 全部都是直接生产费用

D. 有的是直接计入费用，有的是间接计入费用

9. 区分各种成本计算基本方法的主要标志是（　　）。

A. 成本计算日期

B. 成本计算对象

C. 间接费用的分配方法

D. 完工产品与在产品之间分配费用的方法

10. 能直接记入"生产成本"账户的材料费用是指（　　）。

A. 生产产品领用的外购材料　　　　B. 生产车间管理领用的材料

C. 辅助生产领用的材料　　　　　　D. 行政部门管理领用的材料

11. 完工产品与在产品之间分配费用，采用约当产量法时，主要考虑的因素是（　　）。

A. 月末在产品数量大　　　　　　　B. 完工程度复杂

C. 定额管理水平高　　　　　　　　D. 各月在产品数量多且稳定

12. 采用辅助生产费用的交互分配法，对外分配的费用总额是（　　）。

A. 交互分配前的费用

B. 交互分配前的费用加上交互分配转入的费用

C. 交互分配前的费用减去交互分配转出的费用

D. 交互分配前的费用再加上交互分配转入的费用，减去交互分配转出的费用

四、多项选择题

1. 成本计算对象的确定取决于（　　）。

A. 生产特点　　　　　　　　　　　B. 企业类型

C. 管理要求　　　　　　　　　　　D. 产品产量

E. 竞争战略

2. 管理要求最终影响（　　）。

A. 成本计算对象的确定　　　　　　B. 成本计算方法的选择

C. 成本计算内容的涵盖　　　　　　D. 成本计算程序的确定

E. 成本分配方法的选择

3. 主要体现满足内部管理要求的归集方向是（　　）。

A. 品种　　　　　　　　　　　　　B. 步骤

C. 批别　　　　　　　　　　　　　D. 责任

E. 价值贡献

4. 下列耗费项目中不能计入产品成本的是（　　）。

A. 购建固定资产的支出　　　　　　B. 购买有价证券的支出

C. 应计利息　　　　　　　　　　　D. 贴现费用

E. 盗窃损失

5. 制造费用账户用来归集（　　）为生产产品和提供劳务而发生的各项费用。

A. 企业　　　　　　　　　　　　　B. 制造部门

C. 管理部门　　　　　　　　　　　D. 基本生产车间

E. 辅助生产车间

6. 制造业生产经营过程中发生的下列支出中，不应计入产品成本的有（　　）。

A. 管理费用　　　　　　　　B. 财务费用

C. 销售费用　　　　　　　　D. 制造费用

E. 投资损失

7. 制造费用分配计入产品成本的方法常用的有（　　）。

A. 生产工时　　　　　　　　B. 定额工时

C. 机器工时　　　　　　　　D. 直接人工

E. 固定资产价值

8. 对冶金企业而言，属于基本生产的有（　　）。

A. 供电　　　　　　　　　　B. 炼铁

C. 运输　　　　　　　　　　D. 炼钢

E. 轧钢

9. 辅助生产费用的分配通常采用（　　）。

A. 直接分配法　　　　　　　B. 交互分配法

C. 计划成本分配法　　　　　D. 约当产量法

E. 定额成本分配法

10. 生产费用在完工产品与在产品之间的分配，应考虑（　　）。

A. 在产品数量的多少　　　　B. 各月在产品数量变化的大小

C. 各项费用比重的大小　　　D. 费用金额的大小

E. 企业定额管理基础的扎实与否

11. 采用约当产量法，必须正确计算在产品的约当产量，而在产品约当产量计算正确与否取决于产品完工程度的测定，测定在产品完工程度应按（　　）。

A. 50% 平均计算各工序完工率　　B. 工序分别计算完工率

C. 定额比例法计算　　　　　　　D. 原材料消耗定额

E. 约当产量计算

五、简答题

1. 成本计算对象的确定受哪些因素的影响？企业应如何确定成本计算对象？

2. 成本计算时需要正确划分哪些费用界限？

3. 正确的成本计算需要做好哪些基础工作？

4. 为什么说"成本计算的过程实际上也是各项成本的归集和分配的过程"？

5. 如何正确划分各会计期间成本的费用界限？

六、计算题

1. 某企业在生产甲、乙、丙三种产品时，发生制造费用 56 000 元。根据资料统计提供的生产工时：甲产品 20 000 小时；乙产品 14 000 小时；丙产品 30 000 小时。

要求：

（1）按生产工时比例分配制造费用。

（2）编制结转制造费用的会计分录（列示明细科目）。

2. 某企业设有供水和供电两个辅助生产车间，主要为企业基本生产车间和行政管理部门提供服务。2019 年 9 月供电车间本月发生的费用为 7 100 元，供水车间本月发生的费用为 32 361 元。该企业辅助生产车间发生的间接费用直接记入"生产成本——辅助生产成本"账户，未设置"燃料与动力"成本项目。各辅助生产车间提供的劳务及其消耗情况见表 3-1。

表 3-1 辅助生产车间提供的劳务统计表

受益单位		供电数量（度）	供水数量（立方米）
辅助生产车间	供电车间		1 350
	供水车间	3 200	
基本生产车间		16 150	8 594
行政管理部门		1 600	652
合计		20 950	10 596

要求：采用直接分配法：

（1）计算、分配水费和电费（列示计算分配过程）。

（2）编制辅助生产费用分配表。

（3）编制会计分录。

3. 某企业设有供水车间和运输队两个辅助生产部门，本月发生辅助生产费用、提供劳务数量以及各受益单位、部门耗用劳务数量见表 3-2。

表 3-2 辅助生产数据表

项目		供水车间	运输队
辅助生产费用（待分配费用）		35 000 元	46 000 元
劳务供应数量		10 000 立方米	23 000 千米
耗用劳务数量	供水车间		3 000 千米
	运输队	2 000 立方米	
	基本生产车间	6 240 立方米	15 800 千米
	行政管理部门	1 760 立方米	4 200 千米

要求：采用交互分配法：

（1）计算、分配水费和运输费（列示计算分配过程）。

（2）编制辅助生产费用分配表。

（3）编制会计分录。

4. 某企业生产 A 产品，月初在产品成本中直接材料费用为 8 600 元，直接人工费用为 4 800 元，制造费用为 2 855 元；本月发生的直接材料费用为 26 650元，直接人工费用为 12 924 元，制造费用为 7 906 元。本月完工产品共 525 件，月末在产品计 180 件，原材料在生产开始时一次投入，在产品的完工程度为 60%。

要求：根据以上资料，采用约当产量法计算完工产品成本和月末在产品成本。

5. 企业 B 产品本月完工产品为 1 500 件，月末在产品为 600 件，产品经三道工序加工而成，原材料在生产开始时一次投入，本月初在产品和本月耗用的直接材料费用共计 14 700 元，直接人工费用 7 180 元，制造费用 3 590 元。各工序工时定额、在产品数量资料如表 3-3 所示。

表 3-3　工时定额及在产品统计表

工序	工时定额（小时）	在产品数量（件）
一	100	300
二	60	200
三	40	100
合计	200	—

要求：根据以上资料，采用约当产量法计算完工产品成本和月末在产品成本。

练习题参考答案

一、名词解释

1. 成本计算，是在对企业生产经营过程中所耗费的、用货币表现的生产资料价值和劳动者为自己所创造的价值进行归集的基础上，采用一定的方法并按确定的成本计算对象进行分配，最终形成成本计算对象的单位成本和总成本的一项工作。

2. 生产成本，是指企业在产品生产过程中可以用货币表现的、能够直接归属于某一成本计算对象的资源耗费，即为生产一定种类和数量的产品所发生的各种生产费用之和就构成了产品的生产成本。

3. 期间费用，是指企业管理部门在组织和管理过程中所发生的、不能直接归属于某一成本计算对象的费用，包括管理费用、销售费用和财务费用。

4. 直接分配法，是指不考虑辅助生产车间内部相互提供的劳务量，直接将各辅助生产车间发生的费用分配给辅助生产车间以外的各个受益单位或产品的分配方法。

5. 交互分配法，是指先将辅助生产车间发生的费用在相互提供劳务的各辅助生产车间之间进行分配（对内分配），然后将各辅助生产车间交互分配后的实际费用在辅助生产车间以外的各受益单位之间进行分配（对外分配）的方法。

6. 计划成本分配法，是按照辅助生产车间提供劳务的计划单位成本计算分配辅助生产费用的方法。

7. 约当产量，是指在产品按其完工程度折合成完工产品的产量。

二、判断题

1. √	2. √	3. ×	4. ×
5. √	6. ×	7. ×	8. ×
9. ×	10. √	11. ×	

三、单项选择题

1. D	2. C	3. C	4. C
5. B	6. D	7. B	8. A
9. B	10. A	11. A	12. C

四、多项选择题

1. AC	2. ABC	3. DE	4. ABCDE
5. BDE	6. ABCE	7. ABCD	8. BDE
9. ABC	10. ABCE	11. ABD	

五、简答题

1. 成本计算对象的确定受哪些因素的影响？企业应如何确定成本计算对象？

答：成本计算对象的确定受生产特点和管理要求的影响。

从企业产品生产的过程来看，分为单步骤生产和多步骤生产。在单步骤生产状态下，产品生产只能一次完成，不能间断，因此只能按产品的品种计算成本（如发电企业）。而在多步骤生产状态下，产品生产往往要经过若干环节才能完成，甚至这些环节可以由不同的企业去实施。在这种情况下，为了加强各个生产步骤的成本管理，要求既按生产步骤又按产品的品种计算成本（如冶金企业）。

从管理的要求来看，在大批量、重复生产的情况下，管理只要求（而且只能）按产品的品种计算成本；在小批量、多批次生产的情况下，管理则可能要求按产品的批别计算成本；而在实行责任成本管理的企业，则应以责任中心（如投资中心、利润中心、成本中心）为成本计算对象计算成本。

成本计算对象的确定最终取决于管理的要求。

2. 成本计算时需要正确划分哪些费用界限？

答：（1）正确划分应计入产品成本和不应计入产品成本的费用界限。首先，非生产经营活动的耗费不能计入产品成本。其次，只有正常的生产经营活动成本才能计入产品成本，非正常的生产经营活动成本不计入产品成本。最后，正常的生产成本计入产品成本，其他正常的生产经营成本计入期间成本。（2）正确划分各会计期间成本的费用界限。应由本月产品负担的费用，应全部计入本月的产品成本；不应由本月负担的费用，则不应计入本月的产品成本。（3）正确划分不同成本对象的费用界限。凡是能分清应由某种产品负担的直接成本，应直接计入该产品的成本；各种产品共同发生、不易分清应由哪种产品负担的间接费用，则应采用合理的方法分配计入有关产品的成本，并保持一贯性。（4）正确划分完工产品成本和在产品成本的界限。月末计算产品成本时，如果某产品已经全部完工，则计入该产品的全部生产成本之和，就是该产品的完工产品成本。如果这种产品尚未全部完工，则计入该产品的生产成本之和，就是该产品的月末在产品成本。如果某种产品既有完工产品又有在产品，已计入该产品的生产成本还应在完工产品和在产品之间分配，以便分别确定完工产品成本和在产品成本。

3. 正确的成本计算需要做好哪些基础工作？

答：在进行成本计算时，要正确计算成本，各项基础工作是非常重要的。成本计算的基础工作主要有：制定各种定额并及时修订；建立健全财产物资的计量、收发、领退制度；建立各种原始记录的收集、整理制度；制定内部结算价格；建立各责任中心的责任成本等。

4. 为什么说"成本计算的过程实际上也是各项成本的归集和分配的过程"？

答：成本归集的目的在于解决企业发生的费用向哪归集的问题，即成本计算对象问题。因此有了品种法、分批法、分类法等成本计算方法。而成本分配的目的在于解决企业发生的费用怎么归集的问题，即成本计算方法问题。成本分配一般采用直接费用直接计入、间接费用分配计入的原则，因此成本分配实际是将归集的间接费用分配给成本计算对象的过程，也叫间接费用的分摊或分派。成本分配要使用能联系成本对象和成本的某种参数作为基础。一般而言，可供选择的分配基础有许多：人工工时、机器工时、占用面积、直接人工工资、产品产量、产品销售量等。费用经过归集和分配，最终形成成本计算对象的成本。

5. 如何正确划分各会计期间成本的费用界限？

答：应计入生产经营成本的费用，应在各月之间进行划分，以便分月计算产品成本。应由本月产品负担的费用，应全部计入本月的产品成本；不应由本月负担的费用，则不应计入本月的产品成本。

为了正确划分各会计期间的成本界限，要求企业不能提前结账，将本月费用作为下月费用处理；也不能延后结账，将下月费用作为本月费用处理。

为了正确划分各会计期间的费用界限，还要求贯彻权责发生制原则，正确计算待摊费用和预提费用。本月已经支付但应由以后各月负担的费用，应作为待摊费用处理。本月尚未支付但应由本月负担的费用，应作为预提费用处理。

六. 计算题

1. 答:

（1）　制造费用分配率 $=\dfrac{56\,000}{20\,000+14\,000+30\,000}=0.875$（元/小时）

甲产品应分配制造费用 $=0.875\times20\,000=17\,500$（元）

乙产品应分配制造费用 $=0.875\times14\,000=12\,250$（元）

丙产品应分配制造费用 $=0.875\times30\,000=26\,250$（元）

（2）借：基本生产成本——甲产品　　　　　　　　　　　　　17 500

　　　　　　　　　　——乙产品　　　　　　　　　　　　　12 250

　　　　　　　　　　——丙产品　　　　　　　　　　　　　26 250

　　贷：制造费用　　　　　　　　　　　　　　　　　　　　　　56 000

2. 答:

（1）计算辅助生产车间费用的分配率。

由于辅助生产车间内部相互提供的劳务不分配费用，在计算费用分配率时须将其他辅助生产车间的劳务耗用量从总供应量中扣除。

电费分配率 $=\dfrac{7\,100}{20\,950-3\,200}=0.4$（元/度）

水费分配率 $=\dfrac{32\,361}{10\,596-1\,350}=3.5$（元/立方米）

（2）编制辅助生产费用分配表，如表 3-4 所示。

表 3-4　辅助生产费用分配表　　　　　　　　　金额单位：元
2019 年 9 月　　　　　　　　　　　　　　　数量单位：水——立方米
　　　　　　　　　　　　　　　　　　　　　　　　　电——度

项目		供电车间	供水车间	合计
待分配辅助生产费用		7 100	32 361	39 461
供应辅助生产以外的劳务量		17 750	9 246	—
费用分配率（单位成本）		0.4	3.5	—
基本生产车间	耗用数量	16 150	8 594	—
	分配金额	6 460	30 079	36 539
行政管理部门	耗用数量	1 600	652	—
	分配金额	640	2 282	2 922
合计		7 100	32 361	39 461

（3）根据辅助生产费用分配表编制会计分录如下：

借：制造费用　　　　　　　　　　　　　　　　　36 539

　　管理费用　　　　　　　　　　　　　　　　　 2 922

　　贷：辅助生产成本——供电车间　　　　　　　　　　7 100

　　　　　　　　　　——供水车间　　　　　　　　　32 361

3. 答：

（1）计算、分配水费和运输费。

1）对内（交互）分配率。

水费分配率＝35 000÷10 000＝3.5(元/立方米)

运输费分配率＝46 000÷23 000＝2(元/千米)

2）交互分配。

供水车间分到的运输费＝3 000×2＝6 000(元)

运输队分到的水费＝2 000×3.5＝7 000(元)

3）交互分配后的实际费用（对外分配费用）。

供水车间＝35 000＋6 000－7 000＝34 000(元)

运输队＝46 000＋7 000－6 000＝47 000(元)

4）对外分配率。

水费分配率＝34 000÷(6 240＋1 760)＝4.25(元/立方米)

运输费分配率＝47 000÷(15 800＋4 200)＝2.35(元/千米)

5）对外分配。

基本生产车间分配：

水费＝6 240×4.25＝26 520(元)

运输费＝15 800×2.35＝37 130(元)

行政管理部门分配：

水费＝1 760×4.25＝7 480(元)

运输费＝4 200×2.35＝9 870(元)

（2）编制辅助生产费用分配表，如表3-5所示。

表 3-5 辅助生产费用分配表 金额单位：元
（交互分配法）
数量单位：水——立方米
运输——千米

项目			交互分配			对外分配		
			供水车间	运输队	合计	供水车间	运输队	合计
待分配费用			35 000	46 000	81 000	34 000	47 000	81 000
劳务供应数量			10 000	23 000	—	8 000	20 000	—
分配率（单位成本）			3.5	2	—	4.25	2.35	—
辅助生产车间	供水	耗用数量		3 000	—			
		分配金额		6 000				
	运输	耗用数量	2 000		—			
		分配金额	7 000					
基本生产车间		耗用数量				6 240	15 800	—
		分配金额				26 520	37 130	63 650
行政管理部门		耗用数量				1 760	4 200	—
		分配金额				7 480	9 870	17 350
合计						34 000	47 000	81 000

（3）编制会计分录。

1）交互分配。

借：辅助生产成本——供水车间 6 000

——运输队 7 000

贷：辅助生产成本——运输队 6 000

——供水车间 7 000

2）对外分配。

借：制造费用 63 650

管理费用 17 350

贷：辅助生产成本——供水车间 34 000

——运输队 47 000

4. 答：

（1）直接材料费用分配率 $= \dfrac{8\,600 + 26\,650}{525 + 180 \times 100\%} = 50$（元/件）

完工产品直接材料费用 $= 50 \times 525 = 26\,250$（元）

在产品直接材料费用 $= 50 \times (180 \times 100\%) = 9\,000$（元）

（2）直接人工费用分配率 $= \dfrac{4\,800 + 12\,924}{525 + 180 \times 60\%} = 28$（元/件）

完工产品直接人工费用 $= 28 \times 525 = 14\,700$（元）

在产品直接人工费用$=28\times(180\times60\%)=3\,024$（元）

（3）制造费用分配率$=\dfrac{2\,855+7\,906}{525+180\times60\%}=17$（元/件）

完工产品制造费用$=17\times525=8\,925$（元）

在产品制造费用$=17\times(180\times60\%)=1\,836$（元）

（4）完工产品成本$=26\,250+1\,700+8\,925=49\,875$（元）

在产品成本$=9\,000+3\,024+1\,836=13\,860$（元）

5. 答：

（1）计算各工序在产品的完工程度。

$$第一道工序完工率=\frac{100\times50\%}{200}\times100\%=25\%$$

$$第二道工序完工率=\frac{100+60\times50\%}{200}\times100\%=65\%$$

$$第三道工序完工率=\frac{160+40\times50\%}{200}\times100\%=90\%$$

（2）计算原材料费用的分配率。

$$原材料费用分配率=\frac{14\,700}{1\,500+600}=7（元/件）$$

（3）计算其他费用的分配率。

在产品约当产量$=300\times25\%+200\times65\%+100\times90\%=295$（件）

$$人工费用分配率=\frac{7\,180}{1\,500+295}=4（元/件）$$

$$制造费用分配率=\frac{3\,590}{1\,500+295}=2（元/件）$$

（4）计算完工产品成本和月末在产品成本。

完工产品成本$=1\,500\times(7+4+2)=19\,500$（元）

月末在产品成本$=600\times7+295\times(4+2)=5\,970$（元）

教材习题解析

一、思考题

1. 成本计算的对象和内容是什么？产品成本计算中一般有哪三种不同的成本计算对象？

答：成本计算是在对企业生产经营过程中所耗费的、用货币表现的生产资料价值和劳动者为自己所创造的价值进行归集的基础上，采用一定的方法并按确定的成本计算对象进行分配，最终形成成本计算对象的单位成本和总成本的一项工作。

成本计算要完成两大工作：一是成本归集，即解决向哪归集费用的问题，也就是成本计算对象的确定问题；二是成本分配，即解决如何归集费用的问题。

成本计算对象是指成本归集的方向，旨在解决计算什么成本的问题。成本计算对象的确定取决于生产特点和管理要求，目前成本计算一般以品种、步骤、批别为成本计算对象并形成品种法、分步法、分批法等三种成本计算方法。

成本计算的内容是指成本计算的范围。在制造成本法下，成本计算的内容包括生产成本和期间费用。

2. 成本计算正确与否直接影响企业的损益，对企业经营决策有着重大的影响。那么，成本计算的基本要求有哪些？

答：（1）严格执行国家规定的成本开支范围和费用开支标准；（2）加强对成本的审核和控制；（3）正确划分费用界限；（4）做好成本计算的各项基础工作；（5）选择适当的成本计算方法。

3. 试述成本计算的一般程序，并说明其实践意义。

答：（1）对企业发生的全部费用和支出进行审核，确定哪些属于生产经营成本，哪些属于非生产经营成本（如投资费用或筹资费用）。

（2）将应计入产品成本的各项成本，区分为应当计入本月的产品成本与应当由其他月份产品负担的产品成本，通过待摊费用和预提费用进行必要的调整。

（3）将本月应计入产品成本的生产成本，区分为直接成本和间接成本，将直接成本直接计入成本计算对象（如产品），将间接成本计入有关的成本中心（如车间）。

（4）将各成本中心的本月成本，依据成本分配基础向下一个成本中心分配，直至最终的成本计算对象。

（5）在既有完工产品又有在产品的情况下，产品成本应在完工产品和期末在产品之间进行分配，并计算出完工产品总成本和单位成本。

遵循成本计算的基本程序是为了正确计算成本，为管理提供有用的成本数据。

4. 将制造费用分配计入产品成本的方法有哪些？其中按机器工时比例分配的方法如何应用？

答：在生产一种产品的车间中，制造费用可直接计入该产品的成本。在生产多种产品的车间中，就要采用既合理又简便的分配方法，将制造费用分配计入各种产品的成本。制造费用分配计入产品成本的方法，常用的有按生产工时、定额工时、机器工时、直接人工等的比例分配。

在机械化程度较高的车间，制造费用也可按机器工时的比例分配。

制造费用分配率＝制造费用总额÷各种产品实用机器工时之和

某产品应负担的制造费用＝该种产品实用机器工时数×制造费用分配率

　　5. 生产费用在完工产品与在产品之间分配的常用方法有哪几种？

　　答：生产费用在完工产品与在产品之间的分配，在成本计算工作中是一个重要而又比较复杂的问题。企业应当根据产品的生产特点，如在产品数量的多少、各月在产品数量变化的大小、各项费用比重的大小，以及企业定额管理基础的扎实与否等具体条件，选择既合理又简便的分配方法。常用的方法有六种：（1）不计算在产品成本（即在产品成本为零）；（2）在产品成本固定按年初数计算；（3）在产品成本按其所耗用的材料费用计算；（4）约当产量法；（5）在产品成本按定额成本计算；（6）按定额比例分配完工产品和月末在产品成本。

　　6. 什么是约当产量法？该方法的适用范围是什么？

　　答：约当产量法是指将月末结存的在产品，按其完工程度折合成约当产量，然后再将产品应负担的全部生产费用，按完工产品产量和在产品约当产量的比例进行分配。这种方法适用范围比较广泛，月末在产品数量较多且月末在产品结存数量不稳定、变化较大，其他方法受限制不宜采用时尤为适合。

　　7. 期间费用具有哪些特点？它与产品成本的区别表现在哪些方面？

　　答：期间费用是指不能直接归属于某个特定产品成本的费用。其特点是：容易确定发生的期间，难以判别所应归属的产品，因而不能计入产品制造成本，只在发生当期从损益中扣除。

　　期间费用与产品成本的区别表现在：（1）与会计期间的关系不同。（2）与生产产品的关系不同。（3）与财务报表的关系不同。

　　8. 请说明成本计算与管理要求之间的关系。

　　答：从管理的要求来看，在大批量、重复生产的情况下，管理只要求（而且只能）按产品的品种计算成本；在小批量、多批次生产的情况下，管理则可能要求按产品的批别计算成本；而在实行责任成本管理的企业，则应以责任中心（如投资中心、利润中心、成本中心）为成本计算对象计算成本。可以说，成本计算对象的确定、成本计算方法的选择、成本计算内容的涵盖等最终取决于管理的要求。

　　二、练习题

　　1. 答：

$$材料费用分配率＝\frac{5\ 300＋31\ 100}{300＋100×50\%}＝104(元/件)$$

$$在产品成本＝104×(100×50\%)＝5\ 200(元)$$

$$完工产品成本＝1\ 600＋104×300＝32\ 800(元)$$

或

$$完工产品成本＝5\ 300＋(1\ 600＋31\ 100)－5\ 200＝32\ 800(元)$$

2. 答:

(1) 直接分配法（见表 3-6）。

金额单位: 元
数量单位: 水——立方米
电——度

表 3-6 辅助生产费用分配表

项目		供电车间	供水车间	合计
待分配辅助生产费用		10 375	23 000	33 375
供应辅助生产以外的劳务量		22 204	5 190	—
费用分配率（单位成本）		0.467	4.431 6	—
基本生产车间	耗用数量	17 150	4 538	—
	分配金额	8 009.05	20 110.6	28 119.65
行政管理部门	耗用数量	5 054	652	—
	分配金额	2 360.22	2 889.4	5 249.62
合计		10 369.27	23 000	33 369.27

(2) 交互分配法。

对内（交互）分配率计算如下:

$$电费分配率 = 10\ 375 \div 25\ 304 = 0.41(元/度)$$
$$供水车间分到的电费 = 0.41 \times 3\ 100 = 1\ 271(元)$$
$$水费分配率 = 23\ 000 \div 5\ 750 = 4(元/立方米)$$
$$供电车间分到的水费 = 4 \times 560 = 2\ 240(元)$$

对外分配率计算如下:

$$电费分配率 = \frac{10\ 375 + 2\ 240 - 1\ 271}{25\ 304 - 3\ 100} = 0.511(元/度)$$

$$水费分配率 = \frac{23\ 000 + 1\ 271 - 2\ 240}{5\ 750 - 560} = 4.245(元/立方米)$$

辅助生产费用分配表如表 3-7 所示。

金额单位: 元
数量单位: 水——立方米
电——度

表 3-7 辅助生产费用分配表
（交互分配法）

项目		交互分配			对外分配		
		供电车间	供水车间	合计	供电车间	供水车间	合计
待分配费用		10 375	23 000	33 375	11 344	22 031	33 375
劳务供应数量		25 304	5 750	—	22 204	5 190	—
分配率（单位成本）		0.41	4	—	0.511	4.245	—
辅助生产车间	供电车间 耗用数量		560	—			
	供电车间 分配金额		2240				
	供水车间 耗用数量	3 100		—			
	供水车间 分配金额	1 271					

续表

项目		交互分配			对外分配		
		供电车间	供水车间	合计	供电车间	供水车间	合计
基本生产车间	耗用数量				17 150	4 538	—
	分配金额				8 763.65	19 263.81	28 027.46
行政管理部门	耗用数量				5 054	652	—
	分配金额				2 580.35	2 767.19	5 347.54
合计					11 344	22 031	33 375

3. 答：

（1）计算原材料。

第一道工序完工率＝300×50％÷500＝30％

第二道工序完工率＝（300＋200×50％）÷500＝80％

在产品的约当产量＝50×30％＋180×80％＝159

材料费用分配率＝12 000÷（261＋159）＝28.571 4

（2）计算其他费用。

第一道工序完工率＝8×50％÷20＝20％

第二道工序完工率＝（8＋12×50％）÷20＝70％

在产品的约当产量＝50×20％＋180×70％＝136

人工工资分配率＝7 600÷（261＋136）＝19.143 6

制造费用分配率＝4 800÷（261＋136）＝12.090 7

（3）计算完工产品成本和在产品成本。

完工产品成本＝261×（28.571 4＋19.143 6＋12.090 7）＝15 609.29（元）

在产品成本＝159×28.571 4＋136×（19.143 6＋12.090 7）

＝8 790.71（元）

4. 答：

月末在产品约当产量＝50×36％＝18（件）

生产费用分配如表 3-8 所示。

表 3-8　生产费用分配表　　　　　　　　　　　单位：元

项目	生产费用合计	费用分配率	完工产品成本	在产品成本
原材料	37 800	37 800/（130＋50）＝210	210×130＝27 300	210×50＝10 500
工资	14 208	14 208/（130＋18）＝96	96×130＝12 480	96×18＝1 728
制造费用	11 248	11 248/（130＋18）＝76	76×130＝9 880	76×18＝1 368
合计	63 256	—	49 660	13 596

C 第 4 章

Chapter 4 成本计算的基本方法

学习目标

本章主要帮助学习者了解各种成本计算方法的特点和适用范围，并熟练掌握各种成本计算方法的计算程序和计算方法，为在企业实践中设计和应用有效的成本计算方法奠定坚实的基础。

学习指导

1. 学习重点

（1）了解品种法的适用范围和主要特点，熟练掌握品种法的计算程序和相关方法。

（2）了解分批法的适用范围和主要特点，熟练掌握分批法的计算程序和相关方法。

（3）了解分步法的适用范围和主要特点，熟练掌握分步法的计算程序和相关方法。

2. 学习难点

（1）成本计算方法受生产特点和管理要求的影响，因此不同企业、不同产品生产需要采用相应的成本计算方法，学习中切忌孤立地、割裂地掌握成本计算方法。

（2）成本计算体现"不同目的，不同成本"的需要，应围绕这一阐述去理解和把握成本问题。

（3）品种法、分批法、分步法都属于成本计算的基本方法，在理解和掌握的基础上，应进一步了解和掌握基于基本方法的辅助方法，开拓学习的思维和实践的广度。

☐ 练习题

一、名词解释

1. 品种法　　　　　　　　　　2. 分批法

3. 分步法　　　　　　　　　　4. 成本还原

二、判断题

1. 成本计算对象是区分产品成本计算各种方法的主要标志。　　　　（　　）

2. 品种法一般适用于计算大量、大批、多步骤生产的产品成本。　　（　　）

3. 分步法的成本计算对象最终仍是产品的品种。　　　　　　　　　（　　）

4. 单步骤生产的企业由于生产工艺过程不能间断，因而只能按照产品计算成本。　　　　　　　　　　　　　　　　　　　　　　　　　　　　　　（　　）

5. 采用分批法计算产品成本，只有在该批产品全部完工时才计算成本。

（　　）

6. 如果一份订单中有几种产品，则应按批内不同的品种划分生产费用。

（　　）

7. 在分批法下，产品成本计算是不定期的。　　　　　　　　　　　（　　）

8. 采用平行结转分步法，半成品成本的结转与半成品实物的转移是一致的，因而有利于半成品的实物管理和资金管理。　　　　　　　　　　　　　（　　）

9. 成本还原对象是还原前的产成品成本。　　　　　　　　　　　　（　　）

10. 采用逐步结转分步法计算的成本还原率可能大于"1"，也可能小于"1"。

（　　）

11. 采用平行结转分步法，能够直接提供按原始成本项目反映的产成品成本资料，不必进行成本还原。　　　　　　　　　　　　　　　　　　　　（　　）

12. 逐步结转分步法是按照产品加工的顺序，逐步计算并结转完工产品成本，直到最后加工步骤才计算出产成品成本的一种方法。　　　　　　　　　（　　）

13. 逐步结转分步法按照半成品成本在下一步骤成本计算单中的反映方式，还可以分为综合结转和分项结转两种方法。　　　　　　　　　　　　　（　　）

14. 直接分配法是将辅助生产费用直接分配给所有受益单位的一种辅助生产费用分配方法。　　　　　　　　　　　　　　　　　　　　　　　　　（　　）

三、单项选择题

1. 品种法的成本计算期与（　　）是不一致的，一般是按月进行的。

A. 生产周期　　　　　　　　　B. 核算报告期

C. 会计分期　　　　　　　　　D. 定期（每月月末）

2. 采用品种法计算产品成本时，成本计算单应按（　　）开设。

A. 产品的批别　　　　　　　　B. 产品的品种

C. 产品的类别　　　　　　　　D. 产品的生产步骤

3. 分批法适用于（　　）。

A. 小批生产　　　　　　　　　B. 大批生产

C. 大量生产　　　　　　　　　D. 多步骤生产

4. 采用逐步结转分步法，在完工产品与在产品之间分配费用，是指在（　　）两者之间的费用分配。

A. 产成品与月末在产品

B. 完工半成品与月末加工中的在产品

C. 完工产品与月末在产品

D. 各步骤完工产品与在产品

5. 成本还原的对象是（　　）。

A. 产成品成本

B. 各步骤所耗上一步骤半成品的综合成本

C. 最后步骤的产成品成本

D. 各步骤半成品成本

6. 成本还原的目的是求得按（　　）反映的产成品成本资料。

A. 计划成本项目　　　　　　　B. 定额成本项目

C. 半成品成本项目　　　　　　D. 原始成本项目

7. 成本计算的一般程序也就是（　　）的成本计算程序。

A. 品种法　　　　　　　　　　B. 分批法

C. 分步法　　　　　　　　　　D. 所有成本计算方法

8. 分步法适用于（　　）。

A. 大量大批的多步骤生产　　　B. 小批单件的多步骤生产

C. 小批单件的生产　　　　　　D. 大量大批的生产

9. 逐步结转分步法适用于（　　）。

A. 大量大批的生产

B. 大量大批的多步骤生产

C. 大量大批的连续复杂的生产

D. 小批单件的多步骤生产

10. 在大量大批多步骤生产的企业中，采用平行结转分步法计算产品成本的决定条件是（　　）。

A. 不需要计算半成品成本

B. 必须是连续的多步骤生产

C. 必须是装配式的多步骤生产

D. 需要提供按原始成本项目反映的产品成本资料

四、多项选择题

1. 下列企业中，适合采用品种法计算产品成本的有（　　）。

A. 糖果厂　　　　　　　　　B. 饼干厂

C. 拖拉机厂　　　　　　　　D. 造船厂

E. 钢铁厂

2. 适合采用分批法计算产品成本的企业类型有（　　）。

A. 根据购买订单生产的企业　　B. 纺织企业

C. 冶金企业　　　　　　　　D. 单件生产的机械企业

E. 服装生产企业

3. 适合采用分步法计算产品成本的企业类型有（　　）。

A. 根据购买订单生产的企业　　B. 纺织企业

C. 冶金企业　　　　　　　　D. 成品油生产企业

E. 服装生产企业

4. 综合逐步结转分步法下，结转半成品时，可以按（　　）结转至下一生产步骤。

A. 计划成本　　　　　　　　B. 定额成本

C. 实际成本　　　　　　　　D. 标准成本

E. 预算成本

5. 分步法的成本计算期与（　　）是一致的。

A. 生产周期　　　　　　　　B. 核算报告期

C. 定期（每月月末）　　　　D. 生产日期

E. 各步骤完工产品产出日期

6. 各种成本计算方法除了（　　）和计算方法有所不同，其他核算程序基本相同。

A. 成本计算对象　　　　　　B. 成本计算单的开设

C. 成本计算范围　　　　　　D. 成本计算步骤

E. 成本计算内容

7. 约当产量法适用于（　　）。

A. 品种法　　　　　　　　　B. 分批法

C. 分步法　　　　　　　　　D. 所有成本计算方法

E. 生产费用在完工产品与在产品之间分配

8. 品种法适用于（　　）。

A. 大量大批生产　　　　　　B. 多步骤生产

C. 小批单件生产　　　　　D. 管理上不要求分步骤计算成本

E. 单步骤生产

9. 成本还原就是把各步骤所耗半成品成本逐步分解还原为（　　）。

A. 直接材料　　　　　　　B. 直接人工

C. 制造费用　　　　　　　D. 财务费用

E. 管理费用

10. 平行结转分步法是指在计算各步骤成本时，（　　），将相同产品各步骤成本明细账中的这些份额平行结转、汇总，即可计算出该种产品的产成品成本。

A. 不计算各步骤所产半成品成本

B. 不计算各步骤所耗上一步骤的半成品成本

C. 只计算本步骤发生的各项其他费用

D. 计算本步骤发生的各项其他费用中应计入产成品成本的份额

E. 计算本步骤发生的各项其他费用中应计入完工产品成本的份额

11. 平行结转分步法的优点包括（　　）。

A. 各步骤可以同时计算产品成本

B. 不必逐步结转半成品成本

C. 能够直接提供按原始成本项目反映的产品成本资料

D. 不必进行成本还原

E. 能够简化和加速成本计算工作

12. 下列情况中，可以同时采用几种成本计算方法的有（　　）。

A. 一个企业的各个生产车间的生产类型不同

B. 一个企业的各个生产车间的生产类型相同，但管理的要求不同

C. 一种产品的不同生产步骤之间特点和管理要求不同

D. 一个车间生产多种产品，各种产品的生产类型或管理要求不同

E. 在一种产品的不同零部件之间，管理的要求也不同

13. 下列情况下要求进行成本还原的有（　　）。

A. 各步骤半成品成本结转使用综合结转法

B. 各步骤半成品成本按实际成本结转

C. 各步骤半成品成本按计划成本结转

D. 管理要求从整个企业角度考核和分析产品成本构成和水平

E. 大批大量重复生产的企业

14. 广义的在产品包括（　　）。

A. 尚在本步骤加工中的产品

B. 转入各半成品库的半产品

C. 全部处于加工过程中的在产品和半成品

D. 投入各步骤加工的费用

E. 完成本步骤加工但尚未最终完成的产品

五、简答题

1. 企业在选择成本计算方法、正确计算成本时，应如何设计有效的工作流程？

2. 品种法的适用范围是什么？

3. 分批法的适用范围是什么？

4. 分步法的适用范围是什么？

5. 什么是逐步结转分步法？该方法是如何计算产品成本的？

6. 什么是逐步综合结转分步法？该方法存在的问题是什么？

7. 什么是平行结转分步法？该方法是如何计算产品成本的？

六、计算题

1. 某企业大量生产 A、B 两种产品，根据生产特点和管理要求，采用品种法计算成本。6月该企业发生的生产费用资料如下：原材料32 100元，其中，A产品每件消耗材料180元，B产品每件消耗材料150元；直接人工20 000元；制造费用5 000元。A产品耗用生产工时6 600小时，B产品耗用生产工时3 400小时。

企业采用约当产量法分配完工产品成本与月末在产品成本，A、B产品月末在产品完工程度均为50%，原材料在生产开始时一次投入。

其他有关成本计算资料如表4-1、表4-2所示。

表4-1　产量记录　　　　　　　　　　　　单位：件

产品名称	月初在产品	本月投产	本月完工	月末在产品
A	30	120	100	50
B	50	70	80	40

表4-2　月初在产品成本记录　　　　　　　　单位：元

产品名称	产品成本项目			
	原材料	直接人工	制造费用	合计
A	5 400	1 800	1 700	8 900
B	7 500	3 000	2 100	12 600
合计	12 900	4 800	3 800	21 500

要求：根据以上资料，计算 A、B 产品完工产品成本和月末在产品成本。

2. 某企业生产甲产品经过两个生产步骤，第一步骤的半成品直接交由第二步骤使用，一件甲产品耗用2件半成品。假定第一步骤本月转出半成品200件，总成本为70 000元，其中，直接材料50 000元，直接人工8 000元，制造费用

12 000 元；第二步骤本期完工甲产品 80 件，总成本为 72 000 元，其中，半成品 56 000 元，直接人工 6 000 元，制造费用 10 000 元。

要求：进行还原并计算完工产品成本。

3. 某企业属单件小批多步骤生产企业，按购货单位要求小批生产甲、乙、丙三种产品，产品成本计算采用分批法，该企业 9 月的有关成本计算资料如下：

（1）901 号甲产品 50 件，7 月投产，本月全部完工，7—8 月累计生产费用为：直接材料 4 000 元，直接人工 1 000 元，制造费用 1 200 元。本月发生费用为：直接人工 400 元，制造费用 500 元。

（2）902 号乙产品 100 件，8 月投产，本月完工 60 件，未完工 40 件，8 月发生费用为：直接材料 60 000 元，直接人工 15 000 元，制造费用 13 000 元。本月发生费用为：直接人工 7 000 元，制造费用 6 000 元。

（3）903 号丙产品 7 件，本月投产，尚未完工，本月发生费用为：直接材料 20 000 元，工资福利费 5 600 元，制造费用 4 800 元。

（4）三种产品的原材料均在生产开始时一次投入；902 号乙产品本月完工产品数量在批内所占比重较大（60%），根据生产费用发生情况，除原材料费用按照完工产品和在产品的实际数量比例分配外，其他费用采用约当产量法在完工产品和月末在产品之间进行分配，在产品完工程度为 50%。

要求：计算各批完工产品成本并填制成本计算单。

4. 某企业按照购货单位的要求，小批生产某些产品，采用分批法计算产品成本。该企业 5 月投产甲产品 10 件，批号为 501，6 月全部完工；6 月投产乙产品 60 件，批号为 601。产品成本计算单如表 4 - 3 和表 4 - 4 所示。

表 4 - 3　产品成本计算单

单位：元

批号：501　　　　　　　产品名称：甲产品　　　　　　开工日期：5 月 15 日
委托单位：新浪公司　　　批量：10 件　　　　　　　　完工日期：6 月 20 日

项目	直接材料	直接人工	制造费用	合计
5 月末余额	12 000	900	3 400	16 300
6 月发生费用				
据材料费用分配表	4 600			4 600
据工资费用分配表		1 700		1 700
据制造费用分配表			8 000	8 000
合计				
结转产成品（10 件）成本				
单位成本				

表 4-4　产品成本计算单　　　　　　　　　　　　　　单位：元

批号：601　　　　　　　　　　产品名称：乙产品　　　　　　开工日期：6 月 5 日
委托单位：佳华公司　　　　　　批量：60 件　　　　　　　　完工日期：

项目	直接材料	直接人工	制造费用	合计
6 月发生费用				
据材料费用分配表	18 000			18 000
据工资费用分配表		1 650		1 650
据制造费用分配表			4 800	4 800
合计				
结转产成品（40 件）成本				
单位成本				
月末在产品成本				

　　由于乙产品原材料在生产开始时一次投入，因此原材料费用按完工产品和在产品的实际数量比例分配，而其他费用则按约当产量法进行分配。

　　要求：根据上述资料分配费用并编制 501 批甲产品成本计算单、601 批乙产品成本计算单。

☐ 练习题参考答案

一、名词解释

1. 品种法，是指以产品品种为成本计算对象计算产品成本的方法。

2. 分批法，是指以产品生产批别为成本计算对象计算产品成本的方法。

3. 分步法，是指以产品生产步骤为成本计算对象计算产品成本的方法。

4. 成本还原，是指把各步骤所耗半成品成本逐步进行分解还原为"直接材料""直接人工""制造费用"等账户，以便提供按原始成本项目反映的产品成本资料。

二、判断题

1. √	2. ×	3. √	4. √
5. ×	6. √	7. √	8. ×
9. ×	10. √	11. √	12. √
13. ×	14. ×		

三、单项选择题

1. A	2. B	3. A	4. D
5. D	6. D	7. A	8. A
9. C	10. A		

四、多项选择题

1. AB　　　　2. ADE　　　　3. BC　　　　4. AC
5. BC　　　　6. AB　　　　7. ABCDE　　8. ADE
9. ABC　　　10. ABCD　　11. ABCDE　　12. ABD
13. AD　　　14. ABCE

五、简答题

1. 企业在选择成本计算方法、正确计算成本时，应如何设计有效的工作流程？

答：企业应根据产品生产特点和企业管理要求不同选择成本计算方法。企业选择成本计算方法时，应首先明确成本计算对象（如产品的品种、批别、加工步骤等），其次确定生产费用归集和计入产品成本的程序和方法，最后将生产费用在完工产品和在产品之间进行合理的分配。

2. 品种法的适用范围是什么？

答：品种法是指以产品品种为成本计算对象计算成本的一种方法，适用于大量大批的单步骤生产企业。在这种类型的生产中，产品的生产过程不能划分为几个生产步骤（如企业或车间的规模较小，或者车间是封闭式的，也就是从原材料投入到产品产出的全部生产过程都在一个车间内进行），或者生产是按流水线组织的，管理上不要求按照生产步骤计算产品成本，这些情况下可以按品种法计算产品成本。

3. 分批法的适用范围是什么？

答：分批法是按照产品生产批别计算产品成本的一种方法，适用于小批、单件、复杂生产的企业或生产车间，如重型机械、精密仪器、专用设备和船舶制造等，也适用于企业新产品试制、实验性生产或自制设备、工具和模具的生产等。

4. 分步法的适用范围是什么？

答：分步法是按照产品的生产步骤计算产品成本的一种方法，适用于大量大批的多步骤生产，如纺织、造纸、冶金、大量大批的机械制造企业。在这类企业中，产品生产可以分为若干个生产步骤，成本管理往往不仅要求按照产品品种计算成本，而且要求按照生产步骤计算成本，以便为考核和分析各种产品及各生产步骤的成本计划的执行情况提供资料。

5. 什么是逐步结转分步法？该方法是如何计算产品成本的？

答：逐步结转分步法是按照产品加工的顺序，逐步计算并结转半成品成本，直到最后加工步骤才计算出产成品成本的一种方法。产品成本计算是按照产品加工顺序，先计算第一个加工步骤的半成品成本，然后结转给第二个加工步骤，这时第二个加工步骤把第一个加工步骤转来的半成品成本加上本步骤耗用的材料和加工费用，即可求得第二个加工步骤的半成品成本。按如此顺序逐步转移累计，直到最后一个加工步骤才能计算出产成品成本。

6. 什么是逐步综合结转分步法？该方法存在的问题是什么？

答：逐步综合结转分步法是指上一步骤转入下一步骤的半成品成本，以"直接材料"账户或专设的"半成品"账户综合列入下一步骤的成本计算单中。综合结转可以按照半成品的实际成本结转，也可以按照半成品的计划成本结转。采用逐步结转分步法结转半成品成本，各步骤所耗半成品的成本是以"直接材料"账户综合反映的，这样计算出的产品成本不能提供按原始成本项目反映的成本资料。逐步结转半成品成本以后，表现在产成品成本中的绝大部分费用是最后一个步骤所耗半成品的费用。直接人工和制造费用只是最后一个步骤发生的费用，在产品成本中所占比重很小，这显然不符合产品成本构成的实际情况，不能据以从整个企业角度分析和考核产品成本的构成和水平。因此，在管理上要求从整个企业的角度分析和考核产品成本的构成和水平时，还应将逐步结转计算出的产成品成本进行成本还原。

7. 什么是平行结转分步法？该方法是如何计算产品成本的？

答：平行结转分步法是指在计算各步骤成本时，不计算各步骤所产半成品成本，也不计算各步骤所耗上一步骤的半成品成本，而只计算本步骤发生的各项其他费用，以及这些费用中应计入产成品成本的份额，将相同产品各步骤成本明细账中的这些份额平行结转、汇总，即可计算出该种产品的产成品成本。

在计算产品成本时，各生产步骤不计算本步骤的半成品成本。尽管半成品的实物转入下一生产步骤继续加工，但其成本并不结转到下一生产步骤的成本计算单中，只是在产品最后完工转入产成品库时，才将各步骤费用中应由产成品负担的份额，从各步骤成本计算单中转出，平行汇总计算产成品成本。

六、计算题

1. 答：

首先，本期投入费用在 A、B 两种产品之间分配。

（1）本期投入原材料费用 32 100 元。A 产品每件消耗原材料 180 元，B 产品每件消耗原材料 150 元。A 产品本期投入 120 件，B 产品本期投入 70 件。故：

A 产品本期投入原材料费用＝120×180＝21 600（元）

B 产品本期投入原材料费用＝70×150＝10 500（元）

（2）本期投入直接人工费用 20 000 元。按生产工时在 A、B 两种产品之间分配。

$$直接人工费用分配率＝\frac{20\ 000}{6\ 600+3\ 400}＝2（元/小时）$$

A 产品本期投入直接人工费用＝6 600×2＝13 200（元）

B 产品本期投入直接人工费用＝3 400×2＝6 800(元)

（3）本期投入制造费用 5 000 元。按生产工时在 A、B 两种产品之间分配。

$$制造费用分配率＝\frac{5\ 000}{6\ 600+3\ 400}＝0.5(元/小时)$$

A 产品本期投入制造费用＝6 600×0.5＝3 300(元)

B 产品本期投入制造费用＝3 400×0.5＝1 700(元)

其次，A 产品完工产品与月末在产品成本计算。

A 产品期初在产品原材料费用与本期投入原材料费用之和在完工产品（100 件）与月末在产品（50 件）之间分配。由于原材料费用是生产开始时一次性投入，因此不需考虑约当产量。

$$月末完工产品原材料费用＝\frac{5\ 400+21\ 600}{100+50}×100＝18\ 000(元)$$

$$月末在产品原材料费用＝\frac{5\ 400+21\ 600}{100+50}×50＝9\ 000(元)$$

A 产品期初在产品直接人工费用与本期投入直接人工费用之和在完工产品（100 件）与月末在产品（50 件）之间分配。按约当产量法分配费用。

$$月末完工产品直接人工费用＝\frac{1\ 800+13\ 200}{100+50×50\%}×100＝12\ 000(元)$$

$$月末在产品直接人工费用＝\frac{1\ 800+13\ 200}{100+50×50\%}×50×50\%＝3\ 000(元)$$

A 产品期初在产品制造费用与本期投入制造费用之和在完工产品（100 件）与月末在产品（50 件）之间分配。按约当产量法分配费用。

$$月末完工产品制造费用＝\frac{1\ 700+3\ 300}{100+50×50\%}×100＝4\ 000(元)$$

$$月末在产品制造费用＝\frac{1\ 700+3\ 300}{100+50×50\%}×50×50\%＝1\ 000(元)$$

因此，

A 产品月末完工产品成本＝18 000＋12 000＋4 000＝34 000(元)

A 产品月末在产品成本＝9 000＋3 000＋1 000＝13 000(元)

最后，B 产品完工产品与月末在产品成本计算。

B 产品期初在产品原材料费用与本期投入原材料费用之和在完工产品（80 件）与月末在产品（40 件）之间分配。由于原材料费用是生产开始时一次性投入，因此不需考虑约当产量。

$$月末完工产品原材料费用 = \frac{7\,500 + 10\,500}{80 + 40} \times 80 = 12\,000(元)$$

$$月末在产品原材料费用 = \frac{7\,500 + 10\,500}{80 + 40} \times 40 = 6\,000(元)$$

B产品期初在产品直接人工费用与本期投入直接人工费用之和在完工产品（80件）与月末在产品（40件）之间分配。按约当产量法分配费用。

$$月末完工产品直接人工费用 = \frac{3\,000 + 6\,800}{80 + 40 \times 50\%} \times 80 = 7\,840(元)$$

$$月末在产品直接人工费用 = \frac{3\,000 + 6\,800}{80 + 40 \times 50\%} \times 40 \times 50\% = 1\,960(元)$$

B产品期初在产品制造费用与本期投入制造费用之和在完工产品（80件）与月末在产品（40件）之间分配。按约当产量法分配费用。

$$月末完工产品制造费用 = \frac{2\,100 + 1\,700}{80 + 40 \times 50\%} \times 80 = 3\,040(元)$$

$$月末在产品制造费用 = \frac{2\,100 + 1\,700}{80 + 40 \times 50\%} \times 40 \times 50\% = 760(元)$$

因此，

B产品月末完工产品成本 = 12 000 + 7 840 + 3 040 = 22 880(元)

B产品月末在产品成本 = 6 000 + 1 960 + 760 = 8 720(元)

2. 答：

$$甲半成品的成本还原率 = \frac{56\,000}{70\,000} = 0.8$$

半成品的成本（56 000元）构成为：

直接材料 = 50 000 × 0.8 = 40 000(元)

直接人工 = 8 000 × 0.8 = 6 400(元)

制造费用 = 12 000 × 0.8 = 9 600(元)

完工甲产品的总成本为72 000元，成本构成如下：

直接材料 = 40 000(元)

直接人工 = 6 400 + 6 000 = 12 400(元)

制造费用 = 10 000 + 9 600 = 19 600(元)

3. 答：

(1) 901号产品成本计算。

901号产品本月全部完工，7—9月累计生产费用全部为完工产品成本，除以完工产品数量，即为完工产品单位成本（如表 4-5 所示）。

表 4-5 901 号产品成本计算单   单位：元

批号：901   产品名称：甲   投产日期：7 月
购货单位：××   批量：50 件   完工日期：9 月

月	日	摘要	直接材料	直接人工	制造费用	合计
9	1	月初在产品成本	4 000	1 000	1 200	6 200
9	30	工资福利费用分配表		400		400
9	30	制造费用分配表			500	500
9	30	生产费用合计	4 000	1 400	1 700	7 100
9	30	完工产品成本	4 000	1 400	1 700	7 100
9	30	完工产品单位成本	80	28	34	142

会计分录：

借：库存商品   7 100

贷：基本生产成本——甲产品   7 100

（2）902 号产品成本计算。

902 号本月完工 60 件，尚有 40 件未完工，属于跨月陆续完工，且完工产品数量在批内所占比重较大，生产费用应在完工产品和月末在产品之间进行分配。因原材料一次投入，完工产品和在产品负担的原材料费用相同，按产品数量分配。其余按约当产量分配。

约当产量计算如下：

直接材料项目约当产量＝60＋40×100％＝100（件）

直接人工项目约当产量＝60＋40×50％＝80（件）

制造费用项目约当产量＝60＋40×50％＝80（件）

完工产品单位成本计算如下：

直接材料项目单位成本＝60 000÷100＝600（元）

直接人工项目单位成本＝22 000÷80＝275（元）

制造费用项目单位成本＝19 000÷80＝237.5（元）

完工产品总成本计算如下：

直接材料项目＝600×60＝36 000（元）

直接人工项目＝275×60＝16 500（元）

制造费用项目＝237.5×60＝14 250（元）

月末在产品成本计算如下：

直接材料项目＝60 000－36 000＝24 000（元）

直接人工项目＝22 000－16 500＝5 500（元）

制造费用项目＝19 000－14 250＝4 750（元）

计算结果如表4-6所示。

表4-6　902号产品成本计算单　　　　　　单位：元

批号：902　　　　　　　产品名称：乙　　　　　　投产日期：8月
购货单位：××　　　　　批量：100件　　　　　　本月完工：60件

月	日	摘要	直接材料	直接人工	制造费用	合计
9	1	月初在产品成本	60 000	15 000	13 000	88 000
9	30	工资福利费用分配表		7 000		7 000
9	30	制造费用分配表			6 000	6 000
9	30	生产费用合计	60 000	22 000	19 000	101 000
9	30	约当总产量	100	80	80	
9	30	完工产品单位成本	600	275	237.5	112.5
9	30	完工产品成本	36 000	16 500	14 250	66 750
9	30	月末在产品成本	24 000	5 500	4 750	34 250

会计分录：

借：库存商品　　　　　　　　　　　　　　　　　　66 750

　　贷：基本生产成本——乙产品　　　　　　　　　　　66 750

（3）903号产品成本计算。

903号产品本月未完工，发生的费用均为在产品成本（如表4-7所示）。

表4-7　903号产品成本计算单　　　　　　单位：元

批号：903　　　　　　　产品名称：丙　　　　　　投产日期：9月
购货单位：××　　　　　批量：7件　　　　　　　完工日期：

月	日	摘要	直接材料	直接人工	制造费用	合计
9	1	月初在产品成本	20 000			20 000
9	30	工资福利费用分配表		5 600		5 600
9	30	制造费用分配表			4 800	4 800
9	30	合计	20 000	5 600	4 800	30 400

4. 答：

由于501批产品6月全部完工，因此发生的产品生产费用合计即为产成品总成本（见表4-8）。

表4-8　产品成本计算单　　　　　　单位：元

批号：501　　　　　　　产品名称：甲产品　　　　　开工日期：5月15日
委托单位：新浪公司　　　批量：10件　　　　　　　完工日期：6月20日

项目	直接材料	直接人工	制造费用	合计
5月末余额	12 000	900	3 400	16 300
6月发生费用				
据材料费用分配表	4 600			4 600
据工资费用分配表		1 700		1 700

续表

项目	直接材料	直接人工	制造费用	合计
据制造费用分配表			8 000	8 000
合计	16 600	2 600	11 400	30 600
结转产成品（10 件）成本	16 600	2 600	11 400	30 600
单位成本	1 660	260	1 140	3 060

601 批产品月末部分完工，材料费用按产成品和在产品的实际数量比例分配，而其他费用则按约当产量法进行分配。

（1）材料费用分配。

$$材料费用分配率 = \frac{18\,000}{40+20} = 300(元/件)$$

$$产成品应负担的材料费用 = 300 \times 40 = 12\,000(元)$$

$$在产品应负担的材料费用 = 300 \times 20 = 6\,000(元)$$

（2）其他费用分配。

1）计算 601 批乙产品约当产量，如表 4-9。

表 4-9　乙产品约当产量计算表

工序	完工程度	在产品（件）	约当产量（件）	完工产品（件）	产量合计（件）
	①	②	③＝①×②	④	⑤＝③＋④
一	15%	4	0.6		
二	25%	4	1		
三	70%	12	8.4		
合计	—	20	10	40	50

2）直接人工费用分配。

$$直接人工费用分配率 = \frac{1\,650}{40+10} = 33(元/件)$$

$$产成品应负担的直接人工费用 = 33 \times 40 = 1\,320(元)$$

$$在产品应负担的直接人工费用 = 33 \times 10 = 330(元)$$

3）制造费用分配。

$$制造费用分配率 = \frac{4\,800}{40+10} = 96(元/件)$$

$$产成品应负担的制造费用 = 96 \times 40 = 3\,840(元)$$

$$在产品应负担的制造费用 = 96 \times 10 = 960(元)$$

将各项费用分配结果记入 601 批乙产品成本计算单（见表 4-10），即可计算出乙产品的产成品成本和月末在产品成本。

表 4 - 10　产品成本计算单　　　　　　　　　　　单位：元

批号：601　　　　　　　产品名称：乙产品　　　　　　开工日期：6 月 5 日
委托单位：佳华公司　　　批量：60 件　　　　　　　　完工日期：

项目	直接材料	直接人工	制造费用	合计
6 月发生费用				
据材料费用分配表	18 000			18 000
据工资费用分配表		1 650		1 650
据制造费用分配表			4 800	4 800
合计	18 000	1 650	4 800	24 450
结转产成品（40 件）成本	12 000	1 320	3 840	17 160
单位成本	300	33	96	429
月末在产品成本	6 000	330	960	7 290

教材习题解析

一、思考题

1. 什么是产品成本计算的品种法？品种法有哪些特点？

答：品种法是指以产品品种为成本计算对象计算产品成本的方法。其特点是：

（1）成本计算对象是产品品种。如果企业只生产一种产品，全部生产费用都是直接费用，可直接列入该产品成本明细账的有关成本账户中，不存在各成本计算对象之间分配费用的问题。如果是生产多种产品，间接费用则要采用适当的方法在各成本计算对象之间进行分配。

（2）品种法下，一般定期（每月月末）计算产品成本。

（3）如果企业月末有在产品，要将生产费用在完工产品和在产品之间进行分配。

2. 什么是产品成本计算的分批法？分批法有哪些特点？

答：分批法是指以产品生产批别为成本计算对象计算产品成本的方法。其特点是：

（1）成本计算对象是产品的批别。由于产品的批别大多是根据销货订单确定的，因此，这种方法又称为订单法。

（2）在分批法下，产品成本的计算是与生产任务通知单的签发和结束紧密配合的，因此产品成本计算是不定期的。成本计算期与产品生产周期基本一致，而与核算报告期不一致。

（3）在分批法下，由于成本计算期与产品生产周期基本一致，因而在计算月末产品成本时，一般不存在将生产费用在完工产品和在产品之间分配的问题。

3. 什么是产品成本计算的分步法？分步法有哪些特点？

答：分步法是指以产品生产步骤为成本计算对象计算产品成本的方法。其特点是：

（1）成本计算对象是各种产品的生产步骤。

（2）月末为计算完工产品成本，需要将归集在生产成本明细账中的生产费用在完工产品和在产品之间进行分配。

（3）除了按品种计算和结转产品成本，还需要计算和结转产品的各步骤成本。其成本计算对象是各种产品及其所经过的各个加工步骤。如果企业只生产一种产品，则成本计算对象就是该种产品及其所经过的各个生产步骤。其成本计算期是固定的（一般是在月末），与产品生产周期不一致。

4. 什么是成本还原？如何进行成本还原？

答：成本还原就是把各步骤所耗半成品成本逐步进行分解还原为"直接材料""直接人工""制造费用"等账户，以便提供按原始成本项目反映的产品成本资料。成本还原一般采用逆序法，即从最后一个步骤开始，将各加工步骤产成品成本中所耗上一步骤所产半成品的成本按成本还原率逐步分解，还原为"直接材料""直接人工""制造费用"等账户，以求得按原始成本项目反映的产品成本资料。成本还原率的计算公式如下：

$$成本还原率 = \frac{本月产成品所耗上一步骤半成品费用}{上一步骤本月所产该种半成品成本总计}$$

以成本还原率分别乘以上一步骤本月所产各种半成品各个成本项目的费用，即可将本月产成品所耗该种半成品的成本进行分解、还原；然后将还原前的产成品成本与产成品成本中半成品费用的还原值按照成本项目相加即可，还原后产成品单位成本等于还原后产成品总成本除以产成品产量。

5. 什么是逐步结转分步法和平行结转分步法？它们各有哪些优缺点？

答：逐步结转分步法是按照产品加工的顺序，逐步计算并结转半成品成本，直到最后加工步骤才计算出产成品成本的一种方法。逐步结转分步法的显著特点是：生产费用在完工产品与在产品之间分配，是指各步骤完工产品与在产品之间的分配。其优点是：能提供各个生产步骤的半成品成本资料；为各生产步骤的在产品实物管理及资金管理提供资料；能够全面地反映各生产步骤的生产耗费水平，更好地满足各生产步骤成本管理的要求。其缺点是：成本结转工作量较大，各生产步骤的半成品成本如果采用逐步综合结转方法，还要进行成本还原，增加核算的工作量。

平行结转分步法是指在计算各步骤成本时，不计算各步骤所产半成品成本，也不计算各步骤所耗上一步骤的半成品成本，而只计算本步骤发生的各项其他费用，以及这些费用中应计入产成品成本的份额，将相同产品各步骤成本明细账中的这些份额平行结转、汇总，即可计算出该种产品的产成品成本。平行结转分步法的显著特点是：每一生产步骤的生产费用都要在其完工产品与月末在产品之间进行分配。但这里的完工产品是指企业最后完工的产成品；这里的在产品是指各步骤尚未加工完成的在产品和各步骤已完工但尚未最终加工完成的产成品。其优点是：各步骤可以同时计算产品成本，平行汇总计入产成品成本，不必逐步结转半成品成本；能够直接提供按原始成本项目反映的产品成本资料，不必进行成本还原，因而能够简化和加速成本计算工作。缺点是：不能提供各个步骤的半成品成本资料；在产品的费用在产品最后完工以前，不随实物转出而转出，即不按其所在的地点登记，而按其发生的地点登记，因此不能为各个生产步骤在产品的实物管理及资金管理提供资料；各生产步骤的产品成本不包括所耗半成品费用，因而不能全面地反映各该步骤产品的生产耗费水平（第一步除外），不能更好地满足这些步骤成本管理的要求。

二、练习题

1. 答：

（1）各种费用分配表如表4-11、表4-12、表4-13所示。分配率的计算过程略。

表4-11　直接材料费用分配表　　　　金额单位：元

产品名称	分配标准	分配率	分配金额
A	4 000	10.2	40 800
B	2 500	10.2	25 500
合计	6 500	—	66 300

表4-12　直接人工费用分配表　　　　金额单位：元

产品名称	分配标准	分配率	分配金额
A	26 000	0.4	10 400
B	16 000	0.4	6 400
合计	42 000	—	16 800

表4-13　制造费用分配表　　　　金额单位：元

产品名称	分配标准	分配率	分配金额
A	26 000	0.15	3 900
B	16 000	0.15	2 400
合计	42 000	—	6 300

（2）产品成本计算单如表4-14和表4-15所示。

表4-14　C产品成本计算单　　　　单位：元

项目	直接材料	直接人工	制造费用	合计
本月生产费用	25 500	6 400	2 400	34 300
完工产品成本	25 500	6 400	2 400	34 300
完工产品单位成本	25.5	6.4	2.4	34.3

表 4-15　D产品成本计算单　　　　　　　　　　　　　单位：元

项目	直接材料	直接人工	制造费用	合计
月初在产品成本	13 200	4 600	1 200	19 000
本月生产费用	40 800	10 400	3 900	55 100
合计	54 000	15 000	5 100	74 100
完工产品成本	31 500	10 500	3 570	45 570
完工产品单位成本	15	5	1.7	21.7
月末在产品成本	22 500	4 500	1 530	28 530

2. 答：

（1）各车间成本计算单。

第一车间 E 产品成本计算单见表 4-16。

表 4-16　E产品（半成品）成本计算单

部门：第一车间

项目	产量（件）	直接材料（元）	直接人工（元）	制造费用（元）	合计（元）
月初在产品定额成本		122 000	14 000	10 800	146 800
本月生产费用		427 000	48 800	42 700	518 500
合计		549 000	62 800	53 500	665 300
完工半成品转出	1 420	488 000	55 800	48 100	591 900
月末在产品定额成本		61 000	7 000	5 400	73 400

第二车间 E 产品成本计算单见表 4-17。

表 4-17　E产品（产成品）成本计算单

部门：第二车间

项目	产量（件）	直接材料（元）	直接人工（元）	制造费用（元）	合计（元）
月初在产品定额成本		37 400	1 000	1 100	39 500
本月生产费用		400 000	15 000	15 000	430 000
合计		437 400	16 000	16 100	469 500
产成品转出	970	388 780	14 700	14 670	418 150
成本		400.8	15.15	15.12	431.07
月末在产品定额成本		48 620	1 300	1 430	51 350

所以，E 产品的成本为 418 150 元。

（2）成本还原。

$$成本还原率=\frac{388\ 780}{591\ 900}=0.656\ 8$$

成本还原计算表见表 4-18。

表 4 - 18 成本还原计算表

产品名称：E 产品　　　　　　　产量：970 件　　　　　　　　　　　单位：元

项目	还原前产品总成本	上步骤本月完工半成品成本	成本还原率	产成品成本中半成品成本	还原后产成品总成本	还原后产成品单位成本
	①	②	③	④	⑤＝①＋④	⑥＝⑤÷总产量
半成品	388 780		0.656 8	−82 800		
直接材料		488 000		320 518.4	320 518.4	330.43
直接人工	14 700	55 800		36 649.44	51 349.44	52.94
制造费用	14 670	48 100		31 612.16	46 282.16	47.71
合计	418 150	591 900			418 150	431.08

3. 答：

小李的分析是不科学的。从生产特点看，分步法虽然适用于大量大批的多步骤生产，但如果管理上不要求多步骤计算产品成本时，也可以不使用。那么，啤酒生产企业在管理上是否要求按步骤计算产品成本呢？关键取决于各步骤生产的半成品能否并且是否需要对外销售：如果能够并且需要对外销售，则可以采用分步法；但如果不能或者不需要对外销售，则不应该采用分步法。虽然啤酒生产工艺流程可以分为制麦工序、糖化工序、发酵工序、包装工序四道工序，但这四道工序是连续、不可分离的，只能在一个企业内完成。因此，该啤酒生产企业不应采用分步法。

根据生产特点和管理要求，该啤酒生产企业应该采用品种法。在实际核算工作中，应以生产的每一种型号的啤酒为成本计算对象，设置成本计算单，归集和分配费用，计算产品成本。

第 5 章
Chapter 5　成本计算的其他方法

学习目标

本章主要帮助学习者了解责任成本法、标准成本法和作业成本法的相关概念及基本原理，并深入掌握各种成本管理方法之间的相互关系，以利于设计和运用适应企业环境及管理需要的成本控制体系。

学习指导

1. 学习重点

（1）了解责任成本管理的内涵，掌握责任成本确定的原则和方法。

（2）了解标准成本管理的内涵，在熟悉标准成本构成的基础上掌握各种成本差异计算的方法，并对成本差异进行分析、针对产生的原因进行有效的管理。

（3）了解作业成本管理的内涵，掌握目标成本制定和分解的方法。

2. 学习难点

（1）理解责任成本法、标准成本法和作业成本法之间的关系及其对成本管理的意义。

（2）标准成本的制定及成本差异的计算。

（3）理解成本差异的经济含义并能有效地针对成本差异产生的原因进行成本控制。

练习题

一、名词解释

1. 责任成本　　　　　　　　　　　　　2. 责任中心

3. 标准成本管理	4. 标准成本
5. 成本差异	6. 直接材料成本差异
7. 直接人工成本差异	8. 变动制造费用差异
9. 固定制造费用差异	10. 资源
11. 作业	12. 作业中心
13. 制造中心	14. 作业动因
15. 资源动因	16. 增值作业
17. 不增值作业	

二、判断题

1. 责任成本中心的可控成本一定发生在该中心。　　　　　　　（　　）

2. 所谓可控性，是指各责任中心有权力也有能力控制和调节成本。可控性是划分责任成本、确定成本责任的基本标志。　　　　　　　　　　　（　　）

3. 任何责任成本中心都对成本负有责任。　　　　　　　　　　（　　）

4. 一项成本对于较高层次的责任中心来说属于可控成本，对于其下属的较低层次的责任中心来说，可能就是不可控成本；同样，较低层次责任中心的可控成本，也有可能是其所属的较高层次责任中心的不可控成本。　　　　（　　）

5. 不直接决定某项成本的人员，即使对该项成本的支出能够施加重要影响，也不应对该项成本承担责任。　　　　　　　　　　　　　　　　　（　　）

6. 当生产部门的实际产量超过（或低于）正常生产能力时，其折旧费的相对节约（或超支）差异表现为生产部门对折旧费承担的责任，即生产部门不负责折旧费的预算差异，但对其产量差异负责。　　　　　　　　　　　（　　）

7. 标准成本是在正常生产经营下应该实现的，可以作为控制成本开支、评价实际成本、衡量工作效率的依据和尺度的一种目标成本。　　　　　（　　）

8. 制造费用差异按其形成原因可分为价格差异和数量差异。　　（　　）

9. 固定制造费用标准分配率 = $\dfrac{预算固定制造费用}{实际工时}$。　　　　　（　　）

10. 从一般意义上讲，各种成本差异类账户的借方核算发生的节约差异，贷方核算发生的超支差异。　　　　　　　　　　　　　　　　　　（　　）

11. 材料成本脱离标准的差异、人工成本脱离标准的差异、制造费用脱离标准的差异，都可以分为"量差"和"价差"两部分。　　　　　　　　　（　　）

12. 产品标准成本 = 产品计划产量 × 单位产品标准成本。　　　（　　）

13. 计算数量差异要以标准价格为基础。　　　　　　　　　　　（　　）

14. 固定制造费用预算应就每个部门及明细项目分别编制，实际固定制造费用也应该就每个部门及明细项目分别记录。　　　　　　　　　　　　（　　）

15. 直接处理法是指将本期的各种成本差异，按标准成本的比例分配给期末

在产品、期末产成品和本期已销售的产品。　　　　　　　　　　　（　　）

16. 正常标准成本与现实标准成本不同的是，它需要根据现实情况的变化不断进行修改，而现实标准成本可以保持较长一段时间固定不变。　　（　　）

17. 标准成本法是一种成本核算与成本控制相结合的方法。　　　（　　）

18. 在制定标准成本时，理想标准成本因为要求高而成为最合适的一种标准成本。　　　　　　　　　　　　　　　　　　　　　　　　　（　　）

19. 在变化的制造环境下，按传统成本计算方法计算的产品成本将会歪曲成本信息，甚至使成本信息丧失决策相关性。　　　　　　　　　　（　　）

20. 传统成本计算法认为，成本的经济实质是转移给外部顾客的总价值。
　　　　　　　　　　　　　　　　　　　　　　　　　　　　　（　　）

21. 作业成本计算的成本项目是按照经济用途设置的。　　　　　（　　）

22. 作业成本计算的产品成本是完全成本。　　　　　　　　　　（　　）

23. 能增加股东回报的作业称为增值作业。　　　　　　　　　　（　　）

24. 作业成本计算的成本对象是产品步骤或订单。　　　　　　　（　　）

25. 资源即使被消耗，也不一定都是对形成最终产出有意义的消耗。（　　）

26. 作业中心既是成本汇集中心，也是责任考核中心。　　　　　（　　）

27. 制造中心只能生产直接对外销售的产品，不能生产半成品。　（　　）

28. 作业成本计算法认为，产品直接消耗资源。　　　　　　　　（　　）

29. 对每批产品进行检验的作业属于价值管理作业。　　　　　　（　　）

30. 生产废品的作业是一项不增值作业。　　　　　　　　　　　（　　）

31. 制造中心既可以依据产品来划分，也可以依据生产步骤来划分。（　　）

32. 资源耗用量的高低与最终的产出量有直接的关系。　　　　　（　　）

33. 获取决策相关性强的成本信息是作业成本计算法得以产生的理论依据。
　　　　　　　　　　　　　　　　　　　　　　　　　　　　　（　　）

34. 在作业成本计算法下，产品成本是指制造成本。　　　　　　（　　）

35. 作业成本计算法强调费用支出的合理性、有效性，而不论其是否与产出直接有关。　　　　　　　　　　　　　　　　　　　　　　　　（　　）

36. 企业将无效资源耗费和非增值作业耗费计入期间费用，是希望通过作业管理消除这些耗费。　　　　　　　　　　　　　　　　　　　　（　　）

37. 作业成本法与传统成本法是相互排斥的。　　　　　　　　　（　　）

38. 作业中心总部作为一项作业就是价值管理作业。　　　　　　（　　）

三、单项选择题

1. 由于生产安排不当、计划错误、调度失误等造成的损失，应由（　　）负责。

A. 财务部门　　　　　　　　　　　B. 劳动部门

C. 生产部门 　　　　　　　　　　D. 采购部门

2. 若企业的生产部门、采购部门都是成本中心，由于材料质量不合格造成的生产车间超过消耗定额成本差异部分应由（　　　）负担。

A. 生产车间 　　　　　　　　　　B. 采购部门

C. 生产车间与采购部门共同承担 　D. 企业总部

3. 直接人工工时耗用量差异是指单位（　　　）耗用量脱离单位标准人工工时耗用量所产生的差异。

A. 实际人工工时 　　　　　　　　B. 定额人工工时

C. 预算人工工时 　　　　　　　　D. 正常人工工时

4. 直接人工的小时工资率标准在计时工资制下就是（　　　）。

A. 实际工资率 　　　　　　　　　B. 标准工资率

C. 定额工资率 　　　　　　　　　D. 正常的工资率

5. 计算数量差异要以（　　　）为基础。

A. 标准价格 　　　　　　　　　　B. 实际价格

C. 标准成本 　　　　　　　　　　D. 实际成本

6. 材料价格差异通常应由（　　　）负责。

A. 财务部门 　　　　　　　　　　B. 生产部门

C. 人事部门 　　　　　　　　　　D. 采购部门

7. 标准成本法在泰勒的生产过程标准化思想影响下，于 20 世纪 20 年代在（　　　）产生。

A. 英国 　　　　　　　　　　　　B. 法国

C. 美国 　　　　　　　　　　　　D. 日本

8. 理想标准成本是在（　　　）可以达到的成本水平，它排除了一切失误、浪费、机器闲置等因素，根据理论上的耗用量、价格以及最高生产能力制定的标准成本。

A. 正常生产经营条件下 　　　　　B. 最佳工作状态下

C. 现有的生产经营条件下 　　　　D. 平均先进的生产条件下

9. 实际工时与预算工时之间的差异造成的固定制造费用差异叫作固定制造费用（　　　）。

A. 开支差异 　　　　　　　　　　B. 效率差异

C. 能力差异 　　　　　　　　　　D. 数量差异

10. 对固定制造费用的分析和控制通常是通过编制（　　　）与实际发生数对比来进行的。

A. 固定制造费用预算 　　　　　　B. 固定制造费用计划

C. 固定制造费用标准 　　　　　　D. 固定制造费用定额

11. 为了计算固定制造费用标准分配率，必须设定（　　）。

A. 标准工时　　　　　　　　　B. 定额工时

C. 预算工时　　　　　　　　　D. 实际工时

12. 作业成本计算法把企业看成为最终满足顾客需要而设计的一系列
（　　）的集合。

A. 契约　　　　　　　　　　　B. 作业

C. 产品　　　　　　　　　　　D. 生产线

13. 在现代制造业中，（　　）的比重极大地增加，结构也彻底发生了改变。

A. 直接人工　　　　　　　　　B. 直接材料

C. 间接费用　　　　　　　　　D. 期间费用

14. （　　）是负责完成某一项特定产品制造功能的一系列作业的集合。

A. 作业中心　　　　　　　　　B. 制造中心

C. 企业　　　　　　　　　　　D. 车间

15. 服务于每批产品并使每批产品都受益的作业是（　　）。

A. 专属作业　　　　　　　　　B. 不增值作业

C. 批别动因作业　　　　　　　D. 价值管理作业

16. 作业成本计算法下的成本计算程序，首先要确认作业中心，将（　　）
归集到各作业中心。

A. 资源耗费价值　　　　　　　B. 直接材料

C. 直接人工　　　　　　　　　D. 制造费用

17. 下列属于产品数量动因作业的是（　　）。

A. 原材料搬运作业　　　　　　B. 订单作业

C. 机加工作业　　　　　　　　D. 包装作业

18. 下列属于工时动因作业的是（　　）。

A. 采购作业　　　　　　　　　B. 生产规划作业

C. 厂部作业　　　　　　　　　D. 缝纫作业

19. 作业成本计算法下编外人员的工资应计入（　　）。

A. 制造费用　　　　　　　　　B. 期间费用

C. 直接人工　　　　　　　　　D. 产品成本

20. 采购作业的作业动因是（　　）。

A. 采购次数　　　　　　　　　B. 采购批量

C. 采购数量　　　　　　　　　D. 采购员人数

21. 与传统成本计算法相比，作业成本计算法更注重成本信息对决策的
（　　）。

A. 有用性　　　　　　　　　　B. 相关性

C. 可比性　　　　　　　　　　　D. 一致性

22. 从作业成本计算的角度看，（　　）是基于一定的目的、以人为主体、消耗一定资源的特定范围内的工作。

A. 资源　　　　　　　　　　　　B. 作业

C. 作业中心　　　　　　　　　　D. 制造中心

23. 作业成本计算法的决策相关性是指基于作业基础计算出的（　　）能满足企业生产经营决策多方面的需要。

A. 价格信息　　　　　　　　　　B. 产量信息

C. 销售信息　　　　　　　　　　D. 成本信息

24. 作业成本法是把企业消耗的资源按（　　）分配到作业以及把作业收集的作业成本按（　　）分配到成本对象的核算方法。

A. 资源动因、作业动因　　　　　B. 资源动因、成本动因

C. 成本动因、作业动因　　　　　D. 作业动因、资源动因

25. 企业管理深入到作业层次以后，企业即成了为满足顾客需要而设计的一系列作业的集合体，从而形成了一个由此及彼、由内向外的（　　）。

A. 采购链　　　　　　　　　　　B. 作业链

C. 供应链　　　　　　　　　　　D. 产品链

26. （　　）的多少决定着作业的耗用量。

A. 作业量　　　　　　　　　　　B. 产出量

C. 销售量　　　　　　　　　　　D. 加工量

四、多项选择题

1. 成本中心是只对（　　）负责的责任中心。

A. 支出　　　　　　　　　　　　B. 成本

C. 费用　　　　　　　　　　　　D. 收入和利润

E. 投资

2. 各成本中心发生的可控成本包括（　　）。

A. 各成本中心直接发生的责任成本

B. 发生在下属成本中心，而根据责任归属应该由该中心承担责任的成本

C. 发生在平级成本中心，而根据责任归属应该由该中心承担责任的成本

D. 发生在利润中心的直接成本

E. 各成本中心直接发生的成本

3. 应从供应部门责任成本中扣除的相关项目有（　　）。

A. 材料物资盘盈、盘亏、毁损等

B. 由于企业调整生产计划等原因造成材料报废

C. 由于企业调整生产计划等原因造成超时储存

D. 为保证特殊需要而进行紧急订货等原因所追加的成本

E. 为保证特殊需要而进行紧急订货等原因所增加的损失

4. 责任成本预算指标的含义包括（   ）。

A. 初始责任成本预算

B. 按弹性预算原理调整的预算

C. 按变动成本调整的预算

D. 按单位产品责任成本调整的预算

E. 按责任中心调整的预算

5. 下列各企业内部单位中可以成为责任中心的有（   ）。

A. 分公司   B. 地区工厂

C. 车间   D. 班组

E. 个人

6. A 公司生产车间发生的折旧费用对于（   ）来说是可控成本。

A. 公司厂部   B. 生产车间

C. 生产车间下属班组   D. 辅助生产车间

E. 设备管理部门

7. 下列有关成本责任中心的说法中，正确的有（   ）。

A. 成本责任中心不对生产能力的利用程度负责

B. 成本责任中心不进行设备购置决策

C. 成本责任中心不对固定成本负责

D. 成本责任中心应严格执行产量计划，不应超产或减产

E. 成本责任中心不对工时的利用程度负责

8. 下列说法中正确的有（   ）。

A. 下级成本中心的可控成本必然为上级成本中心可控

B. 利润中心的可控成本必然为投资中心可控

C. 某项成本是否为某一责任中心可控，不仅取决于该责任中心的业务内容，
   而且取决于该责任中心所管辖的业务内容的范围

D. 凡是直接成本均为可控成本

E. 本部门不可控则其他部门必然可控

9. 责任成本控制报告主要包括（   ）。

A. 战略规划

B. 实际成本的资料

C. 控制目标资料

D. 实际成本与目标成本之间的差异和原因

E. 责任奖励与惩罚

10. 标准成本管理是指通过（　　），据以加强成本控制的管理过程和活动。

A. 制定标准成本　　　　　　　　B. 正确计算实际成本

C. 将实际成本与标准成本进行比较　D. 确定成本差异

E. 对成本差异进行因素分析

11. 正常标准成本是在正常生产经营条件下应该达到的成本水平，它是根据（　　）制定的标准成本。

A. 现实的耗用水平　　　　　　　B. 正常的价格

C. 正常的生产经营能力利用程度　D. 现实的价格

E. 实际消耗

12. 在制定标准成本时，根据要求达到效率的不同，应采取的标准有（　　）。

A. 理想标准成本　　　　　　　　B. 正常标准成本

C. 现实标准成本　　　　　　　　D. 定额成本

E. 历史成本

13. 构成直接材料成本差异的基本因素有（　　）。

A. 效率差异　　　　　　　　　　B. 耗用差异

C. 用量差异　　　　　　　　　　D. 价格差异

E. 时间差异

14. 固定制造费用的三种成本差异是指（　　）。

A. 效率差异　　　　　　　　　　B. 开支差异

C. 能力差异　　　　　　　　　　D. 价格差异

E. 数量差异

15. 产生材料价格差异的原因可能会有（　　）。

A. 进料数量未按经济订购量办理　B. 购入低价材料

C. 折扣期内延期付款，未获优惠　D. 增加运输途中耗费

E. 发生退货

16. 影响材料采购价格的各种因素有（　　）。

A. 采购批量　　　　　　　　　　B. 运输工具

C. 交货方式　　　　　　　　　　D. 材料质量

E. 采购人员

17. 影响人工效率的因素是多方面的，包括（　　）。

A. 生产工人的技术水平　　　　　B. 生产工艺过程

C. 原材料的质量　　　　　　　　D. 设备的状况

E. 资金状况

18. 正常标准成本是在正常生产条件下应该达到的成本水平。这种标准成本通常反映了过去一段时期的（　　）。

A. 实际成本水平的平均值　　　　B. 该行业价格的平均水平

C. 平均生产能力　　　　D. 最高生产能力

E. 平均技术水平

19. 成本差异按成本的构成可以分为（　　　）。

A. 直接材料成本差异　　　　B. 直接人工成本差异

C. 价格差异　　　　D. 数量差异

E. 制造费用差异

20. 影响材料用量差异的因素有（　　　）。

A. 材料的质量　　　　B. 采购批量

C. 生产工人技术熟练程度　　　　D. 生产设备状况

E. 供应商选择

21. 造成差异的原因中，应由生产部门负责的有（　　　）。

A. 材料质量　　　　B. 生产安排不当

C. 生产工人技术水平低　　　　D. 调度失误

E. 材料价格

22. 造成差异的原因中，应由采购部门负责的有（　　　）。

A. 材料质量　　　　B. 材料价格

C. 生产设备状况　　　　D. 供应商选择

E. 生产工艺

23. 作业成本计算法的成本计算对象包括（　　　）层次。

A. 资源　　　　B. 作业

C. 作业中心　　　　D. 批次

E. 制造中心

24. 作业成本法下的资源包括（　　　）。

A. 货币资源　　　　B. 信息资源

C. 材料资源　　　　D. 人力资源

E. 动力资源

25. 作业应具备的特征包括（　　　）。

A. 作业是以人为主体的

B. 作业消耗一定的资源

C. 区分不同作业的标志是作业目的

D. 作业可以分为增值作业和非增值作业

E. 作业的范围可以被限定

26. 划分制造中心的依据有（　　　）。

A. 生产某一种产品　　　　B. 生产某个系族多种产品

C. 生产步骤　　　　　　　　　　D. 生产批次

E. 生产车间

27. 作业成本计算理论中的顾客包括（　　　）。

A. 资源　　　　　　　　　　　　B. 作业

C. 作业中心　　　　　　　　　　D. 制造中心

E. 最终用户

28. 以下属于工时动因作业的有（　　　）。

A. 机器加工作业　　　　　　　　B. 厂部作业

C. 缝纫作业　　　　　　　　　　D. 订单作业

E. 平整作业

29. 传统的成本计算方法把产品成本区分为（　　　）。

A. 直接材料　　　　　　　　　　B. 直接人工

C. 制造费用　　　　　　　　　　D. 生产成本

E. 间接费用

30. 传统制造企业的经营过程习惯上分为（　　　）。

A. 材料采购　　　　　　　　　　B. 产品设计

C. 产品生产　　　　　　　　　　D. 产品销售

E. 售后服务

31. 在作业成本计算法下，价值归集的方向受（　　　）限制。

A. 资源种类　　　　　　　　　　B. 制造中心种类

C. 作业种类　　　　　　　　　　D. 作业中心种类

E. 产品种类

32. 采用作业成本计算法时，产品成本取决于（　　　）。

A. 作业　　　　　　　　　　　　B. 作业的数量

C. 单位作业成本　　　　　　　　D. 资源

E. 流程

五、简答题

1. 确定各成本中心的责任成本时，应遵循哪些原则？

2. 标准成本应如何制定？

3. 简述标准成本差异的局限性。

4. 成本差异是越大越好还是越小越好？

5. 说明变动成本差异产生的原因，阐述对成本控制的影响。

6. 材料用量差异永远是生产主管的责任。你是否同意这句话？为什么？

7. 试述固定制造费用差异产生的原因，阐述对成本控制的影响。

8. 什么是固定制造费用效率差异？如何进行有效的控制？

9. 作业成本计算法产生的根本原因是什么？

10. 作业成本法是如何界定产品成本的？其成本计算思路是什么？

11. 按照对价值的贡献，作业应该如何分类？

12. 什么是成本动因？成本动因的确定需要注意哪些问题？

13. 什么是资源动因？资源动因在作业成本计算法中有什么作用？

14. 作业成本核算的基础是什么？

15. 作业成本计算法是如何将成本计算与成本管理相结合的？

16. 什么是战略成本动因？都具有哪些特点？

六、计算题

1. 中盛公司生产甲产品需要使用一种直接材料 A。本期生产甲产品 1 000 件，耗用 A 材料 9 000 千克，A 材料的实际价格为每千克 200 元。假设 A 材料的标准价格为每千克 210 元，单位甲产品的标准用量为 10 千克。

要求： 计算 A 材料的成本差异。

2. 中盛公司本期预算固定制造费用为 5 000 元，预算工时为 2 000 小时，实际耗用工时 1 400 小时，实际固定制造费用为 5 600 元，标准工时为 2 100 小时。

要求： 计算固定制造费用成本差异。

3. 某厂本月有关预算资料及执行结果如表 5-1 所示。

表 5-1　预算资料及执行结果

项目	预算资料	执行结果
固定制造费用（元）	4 000	3 980
变动制造费用（元）	500	510
总工时（小时）	2 500	2 200

已知标准工时为 2 000 小时，变动制造费用标准分配率为 0.25 元/小时。

要求： 计算变动制造费用差异和固定制造费用差异。

4. 某企业生产多种机床，其间接费用分配如表 5-2 所示。

表 5-2　作业衡量参数表

作业名称	作业动因	分配率
材料管理	部件数量	8 元/个
加工	机器小时数	68 元/小时
装配	装配线小时数	75 元/小时
检验	检验小时数	104 元/小时

生产 101A 型机床每台消耗直接材料 3 000 元，由 50 个部件组成，加工消耗 12 个机器小时，装配消耗 15 个装配线小时，检验消耗 4 个检验小时。

要求： 采用作业成本计算法计算101A型机床的单位成本。

5. 甲企业现有员工40人，按加工和装配两个中心组织生产，加工中心月生产能力为1 000小时，装配中心月生产能力为1 200小时。企业本月生产规划作业资料如表5-3至表5-6所示。

表5-3　本月生产作业规划

名称	数量（件）	单位材料定额（元）	需用工时定额（小时）		完工状况
			加工	装配	
产品A	120	50	2.5	3	完工
产品B	20	300	30	40	完工

表5-4　本月资源耗费计算表

项目	材料费	工资费	动力费	折旧费	办公费	合计
金额（元）	12 500	12 000	500	4 000	3 000	32 000

表5-5　主要参数及专属费用表

作业参数或费用	订单	计划	采购	加工	装配	搬运	厂部	合计
人员编制（人）	2	2	4	12	12	2	6	40
耗电度数（度）	20	50	30	400	200	200	100	1 000
折旧费（元）	200	300	500	900	900	600	600	4 000
办公费（元）	200	300	400	500	400	200	1 000	3 000

表5-6　作业衡量参数表

作业名称	作业动因	衡量参数	产品消耗		
			A产品	B产品	其他
订单	订单份数	10	1	1	8
计划	计划次数	5	1	1	3
采购	采购次数	20	16	4	0
加工	加工小时	900	300	600	0
装配	装配小时	1 160	360	800	0
搬运	搬运次数	20	10	10	0
厂部	价值				

要求：

（1）将各项资源户归集的价值按资源动因分配计入各作业户。

（2）将各作业汇集费用分配计入各批别产品的成本户。

（3）列示各批别产品及期间费用成本计算单。

（4）期末将成本在在产品与完工产品之间进行分配，计算 A 产品和 B 产品的总成本和单位成本。

6. Sorensen 制造公司根据客户订单分批生产多种类型的飞机螺钉，螺钉基本分成三大产品家族，因为每一产品家族的螺钉用在不同的飞机上。根据客户购买的产品把客户分为三大类，销售给每类客户的产品数是相同的，三大产品家族的单位售价从 0.5 美元到 0.8 美元不等。过去，接受、处理订单的成本都费用化了，没有追溯到各客户群。这些成本一年的总额达 4 500 000 美元，而且在逐渐增加。后来公司开始实施降低成本战略，但是，任何成本削减都必须有助于制造竞争优势。

因为处理订单的成本巨大并且不断增加，管理层决定调查这些成本发生的原因。他们发现处理订单的成本受处理的客户订单数的驱动。进一步的调查表明处理订单作业有以下成本性态：

固定阶梯成本成分：50 000 美元/阶梯（2 000 份订单为一阶梯）。

变动成本成分：20 美元/订单。

Sorensen 公司有足够的阶梯来处理 100 000 份订单。

本年预计客户订单数为 100 000 份。预计耗用的处理订单作业量和各类客户的平均订单额如表 5-7 所示。

表 5-7　数据表

项目	第一类	第二类	第三类
订单数（份）	50 000	30 000	20 000
平均订单额（美元）	600	1 000	1 500

根据成本性态分析得出的结论，市场部经理建议向每份客户订单收取费用，公司总经理表示同意。收费的办法是把每份订单的成本加到该订单的产品价格中（利用预计订单成本和预计订单数计算）。这样，订单成本随订单规模增大而减少，当订单规模达到 2 000 份时就取消这一订单成本（市场经理指出如果订单规模大于此数再收费，就会失去一些规模较小的客户）。在将这一新的价格信息通知到客户后很短的时间内，三大产品家族的平均订单规模都上升到 2 000 份。

要求：

（1）计算每类客户的单位订单成本。

（2）计算定价战略的改变使订单处理成本降低了多少（假设尽量减少资源消耗量，同时总销售量不变）。说明利用客户作业信息是如何导致成本降低的。

☐ 练习题参考答案

一、名词解释

1. 责任成本，是一种以责任中心为成本计算对象的成本，是考评各责任中心经营业绩和职责履行情况的重要依据。

2. 责任中心，是按既定职责范围和权力确定责任的内部责任单位，按照分权管理的原则可以分为成本中心、利润中心和投资中心三类。

3. 标准成本管理，是指通过制定标准成本，将实际成本与标准成本进行比较，确定成本差异，并对成本差异进行因素分析，据以加强成本控制的管理过程和活动。

4. 标准成本，是在正常生产经营条件下应该实现的，可以作为控制成本开支、评价实际成本、衡量工作效率的依据和尺度的一种目标成本。

5. 成本差异，是指实际成本与标准成本之间的差额。

6. 直接材料成本差异，是指一定产量产品的直接材料实际成本与直接材料标准成本之间的差额。

7. 直接人工成本差异，是指一定产量产品的直接人工实际成本与直接人工标准成本之间的差额。

8. 变动制造费用差异，是指一定产量产品的实际变动制造费用与标准变动制造费用之间的差额。

9. 固定制造费用差异，是指一定期间的实际固定制造费用与标准固定制造费用之间的差额。

10. 资源，所有进入作业系统的人力、物力、财力等都属于资源范畴。资源一般分为货币资源、材料资源、人力资源、动力资源等。

11. 作业，从作业成本计算角度看，作业是基于一定的目的、以人为主体、消耗一定资源的特定范围内的工作。

12. 作业中心，是负责完成某一项特定产品制造功能的一系列作业的集合。作业中心既是成本汇集中心，也是责任考核中心。

13. 制造中心，各制造中心只生产某一种产品或某个系族多种产品。制造中心所产产品只是相对于该制造中心而言，未必是企业的最终产品。

14. 作业动因，是指各作业被最终产品或劳务消耗的方式和原因。作业动因是将作业成本分配到产品或劳务中的标准，也是将作业耗费与最终产出相沟通的中介。

15. 资源动因，是指资源被各作业消耗的方式和原因。资源动因反映了作业对资源的消耗状况，因而是把资源户价值分解到各作业户的依据。

16. 增值作业，是指能增加转移给顾客价值的作业。

17. 不增值作业，是指不能给顾客带来附加价值的作业。

二、判断题

1. ×	2. √	3. √	4. ×
5. ×	6. √	7. √	8. ×
9. ×	10. √	11. ×	12. ×
13. √	14. √	15. ×	16. ×
17. √	18. ×	19. √	20. ×
21. ×	22. √	23. ×	24. ×
25. √	26. √	27. ×	28. ×
29. ×	30. √	31. √	32. ×
33. √	34. ×	35. √	36. √
37. ×	38. √		

三、单项选择题

1. C	2. B	3. A	4. B
5. A	6. D	7. C	8. B
9. C	10. A	11. C	12. B
13. C	14. A	154. C	16. A
17. D	18. D	19. B	20. A
21. A	22. B	23. D	24. A
25. B	26. B		

四、多项选择题

1. BC	2. ABC	3. BCDE	4. ABD
5. ABCDE	6. AB	7. BD	8. ACDE
9. BCD	10. ACDE	11. BC	12. ABC
13. CD	14. ABC	15. ABD	16. ABCD
17. ABCD	18. ABCE	19. ABE	20. ACD
21. BCD	22. ABD	23. ABCE	24. ACDE
25. ABCD	26. ABC	27. BCDE	28. ACE
29. ABC	30. ACD	31. AD	32. ABC

五、简答题

1. 确定各成本中心的责任成本时，应遵循哪些原则？

答：应遵循可控原则与责任归属原则。

各成本中心发生的可控成本分为两种情况：一是各成本中心直接发生的责任成本；二是发生在其他成本中心，而根据责任归属原则应由该中心承担责任的成本。如供水、供电部门未保证正常水电供应导致其他部门发生的停工损失及由此而产生的废品损失等，尽管这些损失发生在相关部门，但其责任应由供水、供电部门承担，相关的损失应由遭受损失的部门追溯到供水、供电部门。

判别成本费用的责任归属可按以下原则：某责任中心通过自己的行动能有效地影响一项成本的数额，它就应对这项成本负责；某责任中心有权决定是否使用某种资产或劳务，它就应对这些资产或劳务的成本负责；某管理人员虽然不能直接决定某项成本，但是上级要求他参与有关事项，从而对该项支出施加了重要影响，则他对该项成本也要承担责任。

2. 标准成本应如何制定？

答：为了便于进行成本控制、成本核算和成本差异的分析工作，标准成本可以按车间，分产品、成本项目分别反映。标准成本的成本项目与会计日常核算所使用的成本项目应当一致，直接材料可以按材料的不同种类或规格详细列出标准，直接人工可以按不同工种列出标准，制造费用可以按固定制造费用和变动制造费用分项列出标准，将各个成本项目的标准成本加总，即构成产品的标准成本。

各个成本项目的标准成本通常是由数量标准和价格标准两个因素决定的，即

$$某成本项目的标准成本 = 数量标准 \times 价格标准$$

此外，制定标准成本时应充分考虑在有效作业状态下所需要的材料和人工数量、预期支付的材料和人工费用，以及在正常生产情况下所应分摊的间接费用等因素。标准成本的制定应由销售、生产、计划、采购、物料、工艺、车间、会计等有关部门的人员共同参与商定。标准成本的制定既不能高不可攀，打击员工的积极性，也不能门槛太低，失去成本管理的意义，应该是切实可行的，大部分人通过努力能够达到，同时企业要定期对标准成本进行评审和维护，以保持标准成本的先进性和稳定性。

3. 简述标准成本差异的局限性。

答：（1）成本差异不能有效说明产生的原因，尤其无法说明成本差异的效果（即优劣）。因此，不能简单根据成本的超支或节约说明成本管理工作的好坏。（2）不能公正评价各责任部门的生产经营效益。各项成本差异反映业绩和问题，这种计算可能因负责数量差异的部门（如生产部门）减少一部分差异责任，而导致负责价格差异的部门（如采购部门）额外承担价量混合差异责任，这不利于业绩评定和责任追究。（3）成本控制重点发生偏差。对差异的计算分析，管理部门偏重于对价格差异的控制，忽视对数量差异的控制。但价格差异因素为不可控因素，数量差异因素才是成本控制的重点。

4. 成本差异是越大越好还是越小越好？

答：成本差异既不是越大越好也不是越小越好，而是适合标准才好。因为成本的发生是为了完成预定任务，完成预定任务一定要消耗相应的资源，从而形

成成本。如果损害预定任务（如降低质量），虽然可以降低成本（短期、眼前利益），但一定会给企业造成更大的损害（长期、长远利益）。而超出预定任务（如形成过剩质量），也不会给企业带来更多的利益，因为顾客不会为过剩质量付款。

5. 说明变动成本差异产生的原因，阐述对成本控制的影响。

答：直接材料成本差异、直接人工成本差异和变动制造费用差异都属于变动成本差异，决定变动成本数额的因素是价格和耗用数量。因此，变动成本控制应分别按直接材料成本、直接人工成本和变动制造费用三个项目，从价格和数量两个方面进行。分析成本差异时应注意以下几点：（1）不能简单依据成本差异的方向（节约或超支）来判断优劣和好坏，如节约就好，超支就不好。（2）要确定成本差异的责任部门。（3）要明确成本差异产生原因并确定责任。

6. 材料用量差异永远是生产主管的责任。你是否同意这句话？为什么？

答：不同意。责任发生地不一定是责任承担地。因为影响材料用量的因素很多，包括生产工人的技术熟练程度和对工作的责任感、材料的质量、生产设备的状况等。一般来说，用量超过标准大多是工人粗心大意、缺乏培训或技术水平较低等原因造成的，应由生产部门负责。但用量差异有时也会是其他部门的原因造成的。例如，采购部门购入了低质量的材料，致使生产部门用料过多，由此而产生的材料用量差异应由采购部门负责。再如，由于设备管理部门的原因致使生产设备不能完全发挥其生产能力，造成材料用量差异，则应由设备管理部门负责。找出和分析造成差异的原因是进行有效控制的基础。

7. 试述固定制造费用差异产生的原因，阐述对成本控制的影响。

答：固定制造费用属于固定成本，在一定业务量范围内不随业务量的变动而变动。固定制造费用差异包括开支差异、效率差异和能力差异。因此，固定制造费用控制应分别从开支、效率和能力三个方面进行。分析成本差异应注意以下几点：（1）与变动制造费用差异分析同理，应按照"二八"原则对20％的项目但金额占80％的项目，逐一进行分析，以确保重点控制的有效性。（2）根据经验数据、预算数据和管理要求确定各明细项目的标准，编制预算、进行控制。如按定岗、定员、定编的要求确定员工的类别、数量、工资标准等，为工资费用的控制提供依据。（3）将固定制造费用各明细项目的预算与实际发生数进行对比、分析，按成本效益原则对差异进行评价，并采取必要的控制措施。

8. 什么是固定制造费用效率差异？如何进行有效的控制？

答：固定制造费用效率差异是指实际产量下固定制造费用按标准分配率和实际工时计算的数额与固定制造费用按标准分配率和标准工时计算的预算数额之间的差额。该差异是由预计工时的变动引起的，反映工时的利用程度，因而只有通过对员工合理安排、工时有效利用才能达到控制的目的。

9. 作业成本计算法产生的根本原因是什么？

答：现代制造业的两个特点直接引发了作业成本计算法的产生：一是作业观念已引起管理上的重视；二是制造过程中间接费用的比重和结构发生了很大的变化。

一方面，随着社会化大生产和劳动生产率的迅速提高，竞争日趋激烈，买方市场逐步形成，要求企业提供更加多样化和个性化的产品和服务。采用弹性制造系统对需求做出迅速反应，生产工序经常根据顾客的需要进行调整成为必然。适时制生产方式要求企业内部不同工序和环节必须紧密相扣、适时相接，成本管理深入到作业层次。这时，降低成本工作的重点在于分析、区分作业类型并且衡量各种作业所耗资源的价值。成本会计的目标呈现多元化，从最初耗费形态的各种资源，到作业、作业中心、制造中心乃至最后的产品等都是成本计算的直接对象，显然，传统的成本计算方法很难满足如此多层次的计算目标。

另一方面，现代制造业中间接费用的比重极大地增加，间接费用的结构和可归属性也彻底发生了改变。间接费用并不直接与生产过程有关，甚至完全发生在制造过程以外，如组织协调生产过程费用。这种结构的间接费用在性质上已经和传统生产条件下的制造费用有所不同，加之现代制造业自动化程度日益提高，直接人工成本极大地减少，再用传统的方法将间接费用分配给最终产品或劳务就显得很不合理。间接费用比重和结构的变化也引发了作业成本计算法的产生。

10. 作业成本法是如何界定产品成本的？其成本计算思路是什么？

答：作业成本法认为，企业的全部经营活动是由一系列相互关联的作业组成的，企业每进行一项作业都要耗用一定的资源；而企业生产的产品（包括提供的服务）需要通过一系列作业来完成。因此，产品成本实际上就是企业为生产该产品的全部作业所消耗资源的总和。

生产导致作业发生，产品耗用作业，作业耗用资源，从而导致成本发生。因此，在计算成本时，应首先按经营活动中发生的各项作业来归集成本，计算作业成本，然后按各项作业成本与成本对象（产品或服务）之间的因果关系，将作业成本追溯到成本对象，最终完成成本计算过程。

11. 按照对价值的贡献，作业应该如何分类？

答：按照对价值的贡献，作业分为增值作业和不增值作业，其中，增值作业是指能给顾客带来附加价值，从而能给企业带来利润的作业，而不增值作业是指不能给顾客带来附加价值的作业。增值作业和不增值作业划分的立足点是从用户角度看作业的效果。按作业的增值效率进一步把作业分为低增值作业和高增值作业是作业成本管理的延伸，相对来说，低增值作业具有改善的必要性和急迫性，高增值作业在短期内不必急于改善。

12. 什么是成本动因？成本动因的确定需要注意哪些问题？

答：所谓成本动因，是指导致成本变动的原因，分为作业性成本动因和战略成本动因。应强调的是，成本动因必须按两个标准选择：（1）成本动因与资源消耗及（或）支持业务之间必须具有合理的因果关系。（2）有关成本动因的数据必须是可获得的。

13. 什么是资源动因？资源动因在作业成本计算法中有什么作用？

答：作业量的多少决定着资源的耗用量，人们把这种资源量与作业量的关系描述为资源动因。所谓资源动因，通俗地讲，是指资源被各作业消耗的方式和原因。

资源进入企业并非都被消耗，即使被消耗也不一定都是对形成最终产出有意义的消耗。因此，作业成本计算法把资源作为成本计算对象，是要在价值形成的最初形态上反映被最终产品吸纳的有意义的资源耗费价值。也就是说，在这个环节，成本计算要处理两个方面的问题：一是区分有用消耗和无用消耗；二是区别消耗资源的作业状况，看资源是如何被消耗的，找到资源动因，按资源动因把资源耗费价值分解计入吸纳这些资源的不同作业中。

14. 作业成本核算的基础是什么？

答：作业成本核算的基础是成本驱动因素理论：生产导致作业的发生，作业消耗资源并导致成本的发生，产品则消耗作业。由此可见，作业成本的实质就是在资源耗费和产品耗费之间借助作业来分离、归纳、组合，然后形成各种成本计算对象（如产品）的成本。

15. 作业成本计算法是如何将成本计算与成本管理相结合的？

答：由于作业成本计算法按照"产品消耗作业，作业消耗资源，资源形成成本"的思路，把资源耗费的价值予以分解并分配给作业，再将各作业汇集的价值分配给最终产品或劳务，从而形成产品或劳务的成本。因此，在作业成本计算法的成本计算对象多层次、多元化时（大体上可以分为资源、作业、作业中心和制造中心这几个层次），计算和管理的多层次、多元化、过程化、适应性得到了极大的提高，从而导致生产组织中作业的可分辨性极大增强，寓成本计算于成本管理之中，企业成本控制的观念和控制手段也提到了新的高度。

16. 什么是战略成本动因？都具有哪些特点？

答：战略成本动因是指从战略上对企业的产品成本产生影响的因素，分为结构性成本动因（包括规模经济、整合程度、学习与溢出、地理位置等主要因素）和执行性成本动因（包括生产能力运用模式、联系、全面质量管理、员工对企业的向心力等主要因素）。具有如下特点：（1）与企业的战略密切相连，如企业的规模、整合程度等。（2）对产品成本的影响更长期、更持久、更深远。（3）与作业成本动因相比，这些动因的形成与改变均较为困难。

六、计算题

1. 答：

A材料的成本差异计算如下：

$$材料价格差异 = (200 - 210) \times 9\,000 = -90\,000(元)$$

$$材料用量差异 = 210 \times (9\,000 - 10\,000) = -210\,000(元)$$

$$材料成本差异 = 200 \times 9\,000 - 210 \times 10\,000 = -300\,000(元)$$

或

$$= -90\,000 + (-210\,000) = -300\,000(元)$$

2. 答：

（1）固定制造费用标准分配率和实际分配率计算如下：

$$固定制造费用标准分配率 = 5\,000 \div 2\,000 = 2.5(元/小时)$$

$$固定制造费用实际分配率 = 5\,600 \div 1\,400 = 4(元/小时)$$

（2）固定制造费用开支差异、效率差异和能力差异计算如下：

$$固定制造费用开支差异 = 5\,600 - 5\,000 = 600(元)$$

$$固定制造费用效率差异 = 2.5 \times (1\,400 - 2\,100) = -1\,750(元)$$

$$固定制造费用能力差异 = 2.5 \times (2\,000 - 1\,400) = 1\,500(元)$$

$$标准固定制造费用 = 2.5 \times 2\,100 = 5\,250(元)$$

所以

$$固定制造费用差异 = 5\,600 - 5\,250 = 350(元)$$

或

$$= 600 - 1\,750 + 1\,500 = 350(元)$$

3. 答：

（1）变动制造费用差异。

$$变动制造费用差异 = 510 - (2\,000 \times 0.25) = 10(元)$$

$$变动制造费用效率差异 = 0.25 \times (2\,200 - 2\,000) = 50(元)$$

$$变动制造费用开支差异 = 510 - (2\,200 \times 0.25) = -40(元)$$

（2）固定制造费用差异。

$$固定制造费用标准分配率 = \frac{4\,000}{2\,500} = 1.6(元/小时)$$

$$固定制造费用差异 = 3\,980 - (2\,000 \times 1.6) = 780(元)$$

$$固定制造费用开支差异 = 3\,980 - 4\,000 = -20(元)$$

$$固定制造费用效率差异 = 1.6 \times (2\,200 - 2\,000) = 320(元)$$

$$固定制造费用能力差异 = 1.6 \times (2\,500 - 2\,200) = 480(元)$$

4. 答:

(1) 直接材料费用的分配。由于材料直接耗用于 101A 型机床，因此直接计入产品成本。

(2) 将各作业中汇集的费用按分配率分配计入 101A 型机床的成本。

材料管理＝50×8＝400(元)

加工＝12×68＝816(元)

装配＝15×75＝1 125(元)

检验＝4×104＝416(元)

(3) 101A 型机床的单位成本为直接费用与间接费用之和。

$$101A 型机床单位成本＝3 000＋400＋816＋1 125＋416$$
$$＝5 757(元)$$

5. 答:

(1) 将本月资源耗费分别计入各资源户，即材料费 12 500 元，工资费 12 000 元，动力费 500 元，折旧费 4 000 元，办公费 3 000 元。

将各资源户归集的价值按资源动因分配计入各作业户。

1) 对于直接材料，按各产品定额耗费价值计入各产品成本户，材料费用超出定额的差异计入期间费用。

生产成本——A 产品＝120×50＝6 000(元)

生产成本——B 产品＝20×300＝6 000(元)

期间费用＝12 500－6 000－6 000＝500(元)

2) 其他费用按资源动因分配，其中工资费按各作业人员编制数分配，动力费按各作业耗电度数分配，折旧费、办公费为专属费用。其分配计算表如表 5-8 所示。

表 5-8　资源耗费分配计算表　　　　　　　　　　　　金额单位：元

项目	金额	分配率	订单	计划	采购	加工	装配	搬运	厂部	合计
工资费	12 000	300 元/人	600	600	1 200	3 600	3 600	600	1 800	12 000
动力费	500	0.5 元/度	10	25	15	200	100	100	50	500
折旧费	4 000		200	300	500	900	900	600	600	4 000
办公费	3 000		200	300	400	500	400	200	1000	3 000
合计	19 500		1 010	1 225	2 115	5 200	5 000	1 500	3 450	19 500

(2) 将各作业汇集费用分配计入各批别产品的成本户。

1) 订单作业。

每份订单成本＝1 010÷10＝101(元/份)

生产成本——A 产品＝101×1＝101(元)

生产成本——B 产品＝101×1＝101(元)

生产成本——其他＝101×8＝808(元)

2) 计划作业。

每次计划成本＝1 225÷5＝245(元/次)

生产成本——A 产品＝245×1＝245(元)

生产成本——B 产品＝245×1＝245(元)

生产成本——其他＝245×3＝735(元)

3) 采购作业。

每次采购成本＝2 115÷20＝105.75(元/次)

生产成本——A 产品＝105.75×16＝1 692(元)

生产成本——B 产品＝105.75×4＝423(元)

4) 加工作业。加工作业月生产能力为 1 000 小时，本月加工产品实际耗用 900 小时，剩余 100 小时是未使用资源耗用工时，应计入期间费用。

分配率＝5 200÷1 000＝5.2(元/工时)

生产成本——A 产品＝5.2×300＝1 560(元)

生产成本——B 产品＝5.2×600＝3 120(元)

期间费用＝5 200－1 560－3 120＝520(元)

5) 装配作业。装配作业月生产能力为 1 200 小时，本月装配产品实际耗用 1 160 小时，剩余 40 小时是未使用资源耗用工时，应计入期间费用。

分配率＝5 000÷1 200＝4.166 7(元/工时)

生产成本——A 产品＝4.166 7×360＝1 500.01(元)

生产成本——B 产品＝4.166 7×800＝3 333.36(元)

期间费用＝5 000－1 500.01－3 333.36＝166.63(元)

6) 搬运作业。

每次搬运成本＝1 500÷20＝75(元/次)

生产成本——A 产品＝75×10＝750(元)

生产成本——B 产品＝75×10＝750(元)

7) 厂部作业。厂部作业是一项价值管理作业，应按照厂部可控费用比例在各批产品和期间费用之间进行分配。除直接材料定额费用之外，其他费用均可认为是可控费用。

A 产品可控成本＝101＋245＋1 692＋1 560＋1 500.01＋750＝5 848.01(元)

B 产品可控成本＝101＋245＋423＋3 120＋3 333.36＋750＝7 972.36(元)

其他批别产品可控成本＝808＋735＝1 543(元)

期间费用＝500＋520＋166.63＝1 186.63(元)

分配率＝3 450÷(5 848.01＋7 972.36＋1 543＋1 186.63)＝0.208 5

生产成本——A 产品＝0.208 5×5 848.01＝1 219.31(元)

生产成本——B 产品＝0.208 5×7 972.36＝1 662.24(元)

生产成本——其他＝0.208 5×1 543＝321.71(元)

期间费用＝0.208 5×1 186.63＝247.41(元)

(3) 列示成本计算单（见表 5－9）。

表 5－9　成本计算单　　　　　　　　　单位：元

项目	材料	订单	计划	采购	加工	装配	搬运	厂部	合计
A 产品	6 000	101	245	1 692	1 560	1 500.01	750	1 219.31	13 067.32
B 产品	6 000	101	245	423	3 120	3 333.36	750	1 662.24	15 634.6
其他		808	735					321.71	1 864.71
期间费用	500				520	166.63		247.41	1 434.04
合计	12 500	1 010	1 225	2 115	5 200	5 000	1 500	3 450	32 000

(4) 由于 A 产品、B 产品全部完工，因此成本计算单中列示的即为完工产品总成本。

A 产品总成本＝13 067.32(元)

A 产品单位成本＝13 067.32÷120＝108.89(元)

B 产品总成本＝15 634.6(元)

B 产品单位成本＝15 634.6÷20＝781.73(元)

6. 答：

(1) 计算每类客户的单位订单成本。

每份订单的成本＝4 500 000÷100 000＝45(美元/份)

第一类客户的单位订单成本＝45÷600＝0.075(美元)

第二类客户的单位订单成本＝45÷1 000＝0.045(美元)

第三类客户的单位订单成本＝45÷1 500＝0.03(美元)

(2) 订单处理成本降低了 2 450 000 美元（(45－20)×100 000－50 000）。

原因：客户作业成本高可能是由于客户订单变化频繁、非标准化的供货要求或者对技术和销售人员的大量需求造成的。企业掌握了这些具体的信息后，就可以向客户说明这些要求所引起的成本，并促使客户与企业合作，采用一种花费较低的方式，以达到双赢的目的。通过作业成本法对客户成本的分析，管理者能更清晰地了解服务于各个客户需要进行哪些作业以及这些作业所消耗的资源，这样就为管理者降低成本、提高内部效率、增加利润提供了帮助。

教材习题解析

一、思考题

1. 什么是责任成本？责任成本有哪些基本特点？

答：责任成本是一种以责任中心为成本计算对象的成本，是考评各责任中心经营业绩和职责履行情况的重要依据。

责任成本具有以下特点：

（1）相关性。责任成本是与特定责任中心相联系的一种成本。

（2）可预知。对各成本中心而言，责任成本的性质、内容可以预先加以确定，其耗费水平也可以预先加以估计。

（3）可控性。各成本中心有能力控制、调节责任成本的发生。可控性是划分责任成本、确定成本责任的基本标志。

（4）可追溯性。企业发生的耗费与特定原因和目的相联系，因而均可按其发生的原因及可控性追溯到有关责任部门。可追溯性是责任成本的基本特征。

2. 责任成本是指所有部门都能够控制的成本，这一说法对吗？请说明理由。

答：这一说法不正确。

责任成本是按成本的可控与否来确定成本责任的归属和承担的。因此对某一责任中心而言，责任成本一定是它可以控制的成本，即必须满足以下条件：相关性、可预知性、可控性和可追溯性。

例如，成本中心的层次不同，其责任成本的内容会有所不同，对成本的控制能力也不一样。层次高的成本中心，其责任成本的构成内容多，控制面广，协调能力强，但对具体耗费项目的控制能力相对较弱。层次低的成本中心，其可控成本内容少，但控制项目较为具体，对具体耗费项目有较强的控制能力。

3. 标准成本有哪几类？其作用表现在哪些方面？

答：标准成本是根据对实际情况的调查用科学方法制定的，是企业在现有的生产技术和管理水平上，经过努力可以达到的成本。根据要求达到效率的不同，所采取的标准有理想标准成本、正常标准成本和现实标准成本。

（1）理想标准成本是最佳工作状态下可以达到的成本水平，但这种标准成本要求太高，通常会因达不到而影响员工的积极性，同时让管理层感到在任何时候都没有改进的余地。

（2）正常标准成本是在正常生产经营条件下应该达到的成本水平，这种标准成本通常反映了过去一段时期实际成本水平的平均值，在生产技术和经营管理条件变动不大的情况下，它是一种可以较长时间采用的标准成本。

（3）现实标准成本是在现有的生产条件下应该达到的成本水平，这种标准成本最接近实际成本，最切实可行。与正常标准成本不同的是，它需要根据现实情况的变化不断修改，而正常标准成本则可以保持较长一段时间固定不变。

4. 成本差异的成因一般有哪几种类型？不同的成本差异对成本差异分析有何指导意义？

答：成本差异是指实际成本与标准成本之间的差额，按成本的构成可以分为直接材料成本差异、直接人工成本差异和制造费用差异。不同的成本差异揭示了成本差异产生的原因，如直接材料、直接人工、变动制造费用都属于变动成本，决定变动成本数额的因素是价格和用量。所以，对于直接材料成本差异、直接人工成本差异和变动制造费用差异的分析，可以分为价格差异分析和用量差异分析。而固定制造费用是固定成本，不随业务量的变动而变动，所以，对于固定制造费用差异的分析可分为开支差异分析、能力差异分析和效率差异分析。

5. 变动生产成本的预算差异可以分解为用量差异和价格差异。为什么对于控制来说，用量差异比价格差异更有用？

答：一般而言，用量差异是企业可以控制的，例如生产工人的技术熟练程度、对工作的责任感、材料的质量、生产设备的状况等都会影响材料用量的多少。而价格差异大多是企业不能控制的，例如通货膨胀因素的影响、市场对材料价格的调整等。当然，对材料价格差异要做进一步的分析，因为有些因素（如采购批量、供应商的选择、交货方式、材料质量、运输工具等）采购部门可以控制并受其决策的影响。因此，对于控制来说，用量差异比价格差异更有用。

6. 你是否同意这种说法——直接人工工资率差异是不可控的？为什么？

答：不同意。直接人工工资率反映直接人工效率，是考核每个工时生产能力的重要指标，而影响直接人工效率的因素是多方面的，包括生产工人的技术水平、生产工艺过程、原材料的质量以及设备的状况等。因此，对直接人工工资率差异要做进一步的分析：如果实际工资率高于标准工资率，可能是由于生产过程中使用工资级别较高、技术水平较高的工人从事要求较低的工作，从而造成了浪费；而如果实际工资率低于标准工资率，也可能是由于生产过程中使用工资级别较低、技术水平较低的工人从事要求较高的工作，从而造成了损害。所以，在计算差异的同时要分析产生差异的具体原因，分清不同的责任部门，采取有效的控制措施。

7. 责任成本、标准成本能结合应用吗？为什么？

答：可以结合应用。因为从成本管理的过程看：责任成本用于成本落实，标准成本用于成本控制。其结合应用表现为成本管理体系的运行。

8. 为什么说传统成本计算丧失了决策的相关性？

答：传统成本计算丧失决策相关性主要表现在以下几个方面：

（1）传统成本计算在将间接费用计入最终产品或劳务方面采用单一的标准，并假定间接费用的支出有助于生产，这种情况在现代制造业中已发生改变。

（2）传统的成本计算将间接费用按直接人工工时或机器工时分配给最终产品或劳务，必然会导致生产数量多的产品要负担较多的间接费用，而生产数量少、批量小的产品则负担较少的间接费用。显然，这种分配方式在假定间接费用随产量变动而变动这个前提下是合适的。但在现代制造业中，产量只是引起间接费用发生的一个原因而不是唯一原因，甚至不再是主要原因。

（3）传统成本计算虽然也有科学的责任会计和标准成本计算等与之相适应来实现管理目标，但这些方法在成本动因上缺乏必然的联系，传统成本计算无法实现这些方法的融合。

9. 基于决策有用性与作业成本法，对成本信息的需求主要包括哪些方面？

答：决策有用性是指基于作业计算出的成本信息能够满足企业生产经营决策多方面的需要。现代企业对成本信息的需求是多方面的，主要包括：（1）成本信息应有助于相对准确地确定期末存货的价值，从而有助于提供企业的财务状况；（2）成本信息应有助于相对准确地确定已销商品的成本，从而有助于核定企业的期间损益；（3）在企业按照不同需求层次组织多品种产品生产时，成本信息应有助于确定某些特殊用户订货产品的价格；（4）成本信息应有助于考核企业的业绩，衡量企业在各个制造环节的耗费，进一步为降低产品成本提供依据。

10. 什么是作业？作业有什么特点？

答：作业是汇集资源耗费、分配计算成本的对象。从技术角度看，作业是企业生产过程中的各个工序和环节；但从管理角度看，作业是基于一定的管理目的、以人为主体、消耗一定资源的特定范围内的工作。作业具有如下特点：（1）作业是以人为主体的。（2）作业消耗一定的资源。（3）区分不同作业的标志是作业目的。（4）对于一个生产程序不尽合理的企业，作业可以区分为增值作业和不增值作业。

11. 为什么说按照传统的经营环节来划分作业中心不能满足成本计算和成本管理的需要？

答：传统上，企业按经营环节划分为三大责任中心（投资中心、利润中心、成本中心），这样做可以有效确定责任归属，但不能有效发现责任完成与否的原因，进而不能满足精细化管理对成本计算和成本控制的需要。

12. 按照成本动因，作业应该如何分类？

答：所谓成本动因，是指导致成本变动的原因。按照成本动因，作业分为：（1）作业性成本动因，是指在微观层次就某一特定的作业而言导致成本变动的原因。传统上往往把业务量（如产量、销售量）看作成本变动的原因（甚至是唯一原因），或至少会认为它对成本分配起着决定性的制约作用，而忽略其他因素（动因）。（2）战略成本动因，是指从战略上对企业的产品成本产生影响的因素，具有如下特点：与企业的战略密切相连，如企业的规模、整合程度等；对产品成本的影响更长期、更持久、更深远；与作业成本动因相比，这些动因的形成与改变均较为困难。

13. 如何理解资源动因？确立资源动因的原则是什么？

答：资源动因是指资源被作业消耗的方式和原因，反映了作业对资源的消耗状况，是把资源户价值分解到各作业户的依据。确立资源动因的原则是：（1）某一项资源耗费能够直观地确定为某一特定产品所消耗，则直接计入该特定产品的成本中，此时资源动因也是作业动因，材料费往往适用该原则。（2）如果某项资源耗费可以从发生领域划为各作业所耗费，则可以直接计入各作业成本库，此时资源动因可以认为是作业专属耗费，各作业发生的办公费适用该原则，各作业按实付工资额核定应负担工资费时也适用该原则。（3）如果某项资源耗费在最初消耗时呈现混合耗费形态，则需要选择合适的量化依据将资源分解并分配到各作业，而量化依据就是资源动因，例如动力费一般按各作业实用电力千瓦时数分配等。

14. 作业成本法的成本计算对象应如何确定？

答：应以作业为成本计算的第一对象。当然，由于作业是分层次的，因此也可以以作业中心为成本计算对象。

15. 作业成本计算的基本程序是什么？可以分为哪几个步骤？

答：在决策相关性的理论基础上，作业成本计算的基本程序就是把资源耗费价值予以分解并分配给作业，再将各作业汇集的价值分配给最终产品或服务。这一过程可以分为三个步骤：（1）确认作业中心，将资源耗费价值归集到各作业中心；（2）确认作业，将作业中心汇集的各资源耗费价值予以分解并分配到各作业成本库中；（3）将各作业成本库价值分配计入最终产品成本计算单，计算完工产品成本。

16. 试比较传统成本计算法与作业成本计算法的异同。

答：不同点主要有：（1）成本计算对象。传统成本计算法以产品作为成本计算的最基本的对象，而作业成本计算法以作业作为成本计算的最基本的对象。（2）成本分配方法。传统成本计算法在按产品、步骤、批别计算成本时，按直接成本直接计入、间接成本分配计入的方法计算成本。（3）间接成本的分配。传统成本计算法对间接成本往往按产量、销售量、工时等单一标准分配，而作业成本计算法把间接成本直接化，按成本动因分配。（4）成本计算的范围。传统成本计算法对生产单元发生的费用进行归集和分配，计算产品成本，而作业成本计算法是将企业的全部费用根据成本动因进行归集和分配，通过计算作业成本最终计算产品成本。

相同点在于两种方法最终都要计算产品成本，以满足定价和对外报告的需要。

二、练习题

1. 答：

固定制造费用标准分配率＝84 000÷33 600＝2.5(元)

固定制造费用实际分配率＝85 880÷33 800＝2.54(元)

固定制造费用开支差异＝85 880－84 000＝1 880(元)

固定制造费用能力差异＝2.5×(33 600－33 800)＝－500(元)

固定制造费用效率差异＝2.5×(33 800－31 200)＝6 500(元)

固定制造费用差异＝1 880－500＋6 500＝7 880(元)

2. 答：

(1) 直接材料成本差异。

C 材料用量差异＝(220 000－200 000)×20＝400 000(元)

D 材料用量差异＝(38 000－40 000)×50＝－100 000(元)

直接材料用量差异＝400 000－100 000＝300 000(元)

C 材料价格差异＝(18－20)×220 000＝－440 000(元)

D 材料价格差异＝(55－50)×38 000＝190 000(元)

直接材料价格差异＝－440 000＋190 000＝－250 000(元)

直接材料成本差异＝300 000－250 000＝50 000(元)

(2) 直接人工成本差异。

直接人工工资率差异＝(4－4.2)×35 000＝－7 000(元)

直接人工效率差异＝(35 000－36 000)×4.2＝－4 200(元)

直接人工成本差异＝－7 000－4 200＝－11 200(元)

(3) 变动制造费用差异。

变动制造费用开支差异＝(3.9－4)×35 000＝－3 500(元)

变动制造费用效率差异＝(35 000－36 000)×4＝－4 000(元)

变动制造费用差异＝－3 500－4 000＝－7 500(元)

(4) 固定制造费用差异。

固定制造费用开支差异＝93 280－88 400＝4 880(元)

固定制造费用效率差异＝(35 000－36 000)×2.6＝－2 600(元)

固定制造费用能力差异＝(34 000－35 000)×2.6＝－2 600(元)
固定制造费用差异＝4 480－2 600－2 600＝－320(元)

3. 答：

(1) 计算各种差异。

直接材料价格差异＝(36 480÷4 800－7)×4 840＝2 904(元)
直接材料用量差异＝7×(4 840－965×5)＝105(元)
直接人工工资率差异＝(9.2－9)×4 000＝800(元)
直接人工效率差异＝9×(4 000－965×4)＝1 260(元)
变动制造费用开支差异＝11 900－3×4 000＝－100(元)
变动制造费用效率差异＝3×4 000－3×965×4＝420(元)
固定制造费用开支差异＝19 800－5×1 000×4＝－200(元)
固定制造费用能力差异＝5×1 000×4－5×4 000＝0
固定制造费用效率差异＝5×4 000－5×965×4＝700(元)

(2) 一般来说，用量超过标准大多是工人粗心大意、缺乏培训或技术水平较低等原因造成的，应由生产部门负责，但用量差异有时也会是其他部门的原因造成的。例如，采购部门购入了低质量的材料，导致生产部门用料过多，或者生产设备不能完全发挥其生产能力，造成材料用量差异。而直接人工工资率差异可能是由于生产过程中使用工资级别较高、技术水平较高的工人从事要求较低的工作，从而造成了工资费用的超支。

(3) 数量差异在固定制造费用中应当被划分为固定制造费用效率差异，反映了实际工时和标准工时在标准分配率下对于成本的差异影响。该差异是由预计工时的变动引起的，反映工时的利用程度。该差异的存在可以引导管理人员通过对员工合理安排、工时有效利用来缩小差异。

(4) 直接材料成本差异、直接人工成本差异和制造费用差异构成了企业整体的成本差异。直接材料成本差异包括材料价格差异和材料用量差异，这两者的合计即为直接材料成本差异。直接人工成本差异包括直接人工工资率差异和直接人工效率差异，这两者的合计数为直接人工成本差异。

制造费用差异包括变动制造费用差异和固定制造费用差异。变动制造费用差异同样是变动制造费用开支差异和变动制造费用效率差异的合计。固定制造费用差异则分成三类，开支差异、效率差异和能力差异。

对成本差异进行划分是为了找出差异的原因并将该差异进行责任归属，更有效地进行成本的控制。

4. 答：

(1) 直接材料费用的分配。由于材料直接耗用于 X110 型打印机，因此直接计入产品成本。

（2）将各作业中汇集的费用按分配率分配计入 X110 型打印机的成本。

材料管理＝50×10＝500（元）

加工＝10×65＝650（元）

装配＝16×80＝1 280（元）

检验＝5×105＝525（元）

（3）X110 型打印机的单位成本为直接费用与间接费用之和。

X110 型打印机单位成本＝2 500＋500＋650＋1 280＋525＝5 455（元）

X110 型打印机总成本＝5 455×50＝272 750（元）

5. 答：

（1）将本月资源耗费分别计入各资源户，即材料费 8 000 元，工资费 10 000 元，动力费 500 元，折旧费 3 000 元，办公费 2 000 元。

（2）将各资源户归集的价值按资源动因分配计入各作业户。

1）对于直接材料，按各产品定额耗费价值计入各产品成本户，材料费用超出定额的差异计入期间费用。

生产成本——A 产品＝46×100＝4 600（元）

生产成本——B 产品＝336×10＝3 360（元）

期间费用＝8 000－4 600－3 360＝40（元）

2）其他费用按资源动因分配，其中工资费按各作业人员编制数分配，动力费按各作业耗电度数分配，折旧费、办公费为专属费用。其分配计算表如表 5－10 所示。

表 5－10　资源耗费分配计算表　　　　　　金额单位：元

项目	金额	分配率	订单	计划	采购	加工	装配	搬运	厂部	合计
工资费	10 000	500 元/人	500	500	1 000	2 500	3 500	500	1 500	10 000
动力费	500	0.5 元/度	10	30	10	250	100	50	50	500
折旧费	3 000	专属	200	200	300	1 000	500	500	300	3 000
办公费	2 000	专属	200	200	300	200	200	100	800	2 000
合计	15 500		910	930	1 610	3 950	4 300	1 150	2 650	15 500

（3）将各作业汇集费用分配计入各批别产品的成本户。

1）订单作业。

每份订单成本＝910÷10＝91（元/份）

生产成本——A 产品＝91×1＝91（元）

生产成本——B 产品＝91×1＝91(元)

生产成本——其他＝91×8＝728(元)

2) 计划作业。

每次计划成本＝930÷4＝232.5(元/次)

生产成本——A 产品＝232.5×1＝232.5(元)

生产成本——B 产品＝232.5×1＝232.5(元)

生产成本——其他＝232.5×2＝465(元)

3) 采购作业。

每次采购成本＝1 610÷10＝161(元/次)

生产成本——A 产品＝161×9＝1 449(元)

生产成本——B 产品＝161×1＝161(元)

4) 加工作业。加工作业月生产能力为 800 小时，本月加工产品实际耗用 750 小时，剩余 50 小时是未使用资源耗用工时，应计入期间费用。

分配率＝3 950÷800＝4.937 5(元/工时)

生产成本——A 产品＝250×4.937 5＝1 234.38(元)

生产成本——B 产品＝500×4.937 5＝2 468.75(元)

期间费用＝3 950－1 234.38－2 468.75＝246.87(元)

5) 搬运作业。

每次搬运成本＝1 150÷25＝46(元/次)

生产成本——A 产品＝20×46＝920(元)

生产成本——B 产品＝5×46＝230(元)

6) 装配作业。装配作业月生产能力为 1 000 小时，本月装配产品实际耗用 900 小时，剩余 100 小时是未使用资源耗用工时，应计入期间费用。

分配率＝4 300÷1 000＝4.3(元/工时)

生产成本——A 产品＝400×4.3＝1 720(元)

生产成本——B 产品＝500×4.3＝2 150(元)

期间费用＝4 300－1 720－2 150＝430(元)

7) 厂部作业。厂部作业是一项价值管理作业，应按照厂部可控费用比例在各批产品和期间费用之间进行分配。除直接材料定额费用之外，其他费用均可以认为是可控费用。

A 产品可控成本＝91＋232.5＋1 449＋1 234.38＋920＋1 720

$$=5\,646.88(元)$$

B 产品可控成本＝91＋232.5＋161＋2 468.75＋230＋2 150

$$=5\,333.25(元)$$

其他批别产品可控成本＝728＋465＝1 193(元)

期间费用＝40＋246.87＋430＝716.87(元)

分配率＝2 650÷(5 646.88＋5 333.25＋1 193＋716.87)＝0.205 6

生产成本——A 产品＝5 646.88×0.205 6＝1 161(元)

生产成本——B 产品＝5 333.25×0.205 6＝1 096.52(元)

生产成本——其他＝1 193×0.205 6＝245.28(元)

期间费用＝2 650－1 161－1 096.52－245.28＝147.2(元)

（4）列示成本计算单（见表 5－11）。

表 5－11　成本计算单　　　　　　　　　　单位：元

项目	材料	订单	计划	采购	加工	搬运	装配	厂部	合计
A 产品	4 600	91	232.5	1 449	1 234.38	920	1 720	1 161	11 407.88
B 产品	3 360	91	232.5	161	2 468.75	230	2 150	1 096.52	9 789.77
其他		728	465					245.28	1 438.28
期间费用	40				246.87		430	147.2	864.07
合计	8 000	910	930	1 610	3 950	1 150	4 300	2 650	23 500

（5）由于 A 产品、B 产品全部完工，因此成本计算单中列示的即为完工产品总成本。

A 产品总成本＝11 407.88(元)

A 产品单位成本＝11 407.88÷100＝114.08(元)

B 产品总成本＝9 789.77(元)

B 产品单位成本＝9 789.77÷10＝978.98(元)

C 第 6 章

Chapter 6 本量利分析

学习目标

本章主要帮助学习者了解影响企业盈利能力与安全性的诸因素的影响路径和方法，掌握本量利分析的原理及相关指标计算，为企业预测、决策服务。

学习指导

1. 学习重点

（1）熟练掌握盈亏临界点计算、实现目标利润计算，并有效地进行盈利能力的规划。

（2）熟练掌握影响企业盈利能力和安全性的因素变动及其作用的路径和方法，并实施有效管理和控制。

（3）熟练掌握敏感性系数的计算和分析的方法，并在复杂、变化的环境中有效地进行安全性规划。

2. 学习难点

（1）相关因素（如固定成本、变动成本、销售量、销售价格、品种结构等）及相关因素发生变动时，如何基于盈利能力进行有效的综合决策。

（2）相关因素（如固定成本、变动成本、销售量、销售价格、品种结构等）发生变动时，如何基于敏感性分析进行有效的决策。

练习题

一、名词解释

1. 贡献毛益　　　　　　　　　　　　　2. 盈亏临界点

3. 盈亏临界点分析　　　　　4. 盈亏临界点作业率

5. 安全边际　　　　　　　　6. 加权平均贡献毛益率

7. 敏感系数

二、判断题

1. 企业所有产品提供的贡献毛益总额即是企业的营业利润。（　　）

2. 在盈亏临界图中，可以用横轴表示销售收入，用纵轴表示成本，纵轴与横轴的金额最好保持一致，此时总成本线的仰角应等于 45 度。（　　）

3. 从盈亏临界图看，在总成本既定的情况下，销售价格越高，盈亏临界点也就越高；反之，盈亏临界点越低。（　　）

4. 盈亏临界点的贡献毛益刚好等于总成本，超过盈亏临界点的贡献毛益大于总成本，也就实现了利润。（　　）

5. 品种构成发生变化时，盈亏临界点变动的幅度大小取决于加权平均贡献毛益率的变化情况。（　　）

6. 单一品种情况下，盈亏临界点的销售量随着贡献毛益率的提高而增加。（　　）

7. 销售利润率可以通过贡献毛益率和安全边际率相乘求得。（　　）

8. 某一因素的敏感系数为负，表明该因素的变动与利润的变动为反向关系；为正则表明是同向关系。（　　）

9. 销售价格的敏感系数肯定大于销售量的敏感系数。（　　）

10. 从销售价格的敏感系数特征来看，涨价是企业提高盈利最直接、最有效的手段。（　　）

三、单项选择题

1. A 企业为生产和销售单一产品，计划年度销售量为 1 000 件，销售价格为 50 元，单位变动成本为 30 元，固定成本为 25 000 元，则销售量、销售价格、单位变动成本、固定成本各因素的敏感程度由高到低排序是（　　）。

A. 销售价格＞销售量＞单位变动成本＞固定成本

B. 销售价格＞单位变动成本＞销售量＞固定成本

C. 销售价格＞单位变动成本＞固定成本＞销售量

D. 销售价格＞销售量＞固定成本＞单位变动成本

2. 某企业只生产一种产品，单位变动成本为 36 元，固定成本总额为 4 000 元，销售价格为 56 元，要使安全边际率达到 50%，该企业的销售量应达到（　　）件。

A. 400　　　　B. 222　　　　C. 143　　　　D. 500

3. 某企业销售收入为 20 万元，贡献毛益率为 60%，其变动成本总额为（　　）万元。

A. 8　　　　B. 12　　　　C. 4　　　　D. 16

4. 某产品盈亏临界点为 1 000 台，实际销售 1 500 台，单位贡献毛益为 10 元，则实际获利额为（ ）元。

A. 15 000   B. 10 000   C. 25 000   D. 5 000

5. 某企业只生产一种产品，销售价格为 6 元，单位变动生产成本为 4 元，单位变动销售和管理成本为 0.5 元，销售量为 500 件，则其产品贡献毛益为（ ）元。

A. 650   B. 750   C. 850   D. 950

6. 下列因素中不会影响盈亏临界点的是（ ）。

A. 销售量   B. 销售价格

C. 单位变动成本   D. 固定成本

7. 各个因素按敏感系数排序总是排在第一位的是（ ）。

A. 销售价格   B. 单位变动成本

C. 销售量   D. 固定成本

8. 各个因素按敏感系数排序总是排在最后的是（ ）。

A. 销售价格   B. 单位变动成本

C. 销售量   D. 固定成本

9. 盈亏临界点作业率（ ），企业经营的安全性越高。

A. 越高   B. 越低

C. 大于盈亏临界点   D. 小于盈亏临界点

四、多项选择题

1. 在盈亏临界图中，盈亏临界点的位置取决于（ ）等因素。

A. 固定成本   B. 单位变动成本

C. 销售量   D. 销售价格

E. 品种结构

2. 在传统盈亏临界图中，下列描述正确的是（ ）。

A. 在总成本既定的情况下，销售价格越高，盈亏临界点越低

B. 在总成本既定的情况下，销售价格越高，盈亏临界点越高

C. 在销售价格、单位变动成本既定的情况下，固定成本总额越大，盈亏临界点越高

D. 在销售价格、固定成本总额既定的情况下，单位变动成本越高，盈亏临界点越高

E. 在销售价格、固定成本总额既定的情况下，单位变动成本越高，盈亏临界点越低

3. 下列各等式中成立的有（ ）。

A. 变动成本率＋安全边际率＝1

B. 贡献毛益率＋安全边际率＝1

C. 贡献毛益率＋变动成本率＝1

D. 安全毛益率＋保本作业率＝1

E. 变动成本率＋保本作业率＝1

4. 安全边际率的计算公式有（　　　）。

A. 安全边际/实际销售量

B. 保本销售量/实际销售量

C. 安全边际额/实际销售额

D. 保本销售额/实际销售额

E. 安全边际量/安全边际额

5. 销售额的计算公式有（　　　）。

A. 盈亏临界点销售量×单位利润

B. 固定成本总额/贡献毛益率

C. 固定成本总额/（销售价格－单位变动成本）

D. 固定成本总额/加权平均贡献毛益率

E. 固定成本总额/贡献毛益

6. 利润＝(实际销售量－盈亏临界点销售量)×（　　　）。

A. 贡献毛益率　　　　　　　　B. 单位利润

C. 销售价格　　　　　　　　　D. 单位贡献毛益

E. 销售价格－单位变动成本

7. 盈亏临界点分析就是根据（　　　）等因素之间的函数关系，预测企业在何种情况下达到不盈不亏的状态。

A. 成本　　　　　　　　　　　B. 销售量

C. 销售额　　　　　　　　　　D. 利润

E. 产量

8. 在（　　　）不变的情况下，销售量越大，实现的利润越多，或者说亏损越少。

A. 固定成本　　　　　　　　　B. 单位变动成本

C. 销售价格　　　　　　　　　D. 盈亏临界点

E. 目标利润

9. 各个因素按敏感系数排序时，排列位置不确定的有（　　　）。

A. 销售价格　　　　　　　　　B. 单位变动成本

C. 销售量　　　　　　　　　　D. 固定成本

E. 产量

五、简答题

1. 研究盈亏临界点有何意义？

2. 计算敏感系数的作用是什么？

3. 利润对固定成本、单位变动成本、销售价格以及销售量等因素变化的敏感程度是如何测量的？

4. 固定成本、变动成本、销售价格、销售量的敏感程度一定是按销售价格＞单位变动成本＞销售量＞固定成本的顺序排列吗？请举例比较说明。

5. 敏感性分析在企业利润规划时是如何发挥作用的？请具体分析。

六、计算题

1. A 企业生产和销售单一产品，销售价格为 80 元，单位变动成本为 50 元，固定成本总额为 60 000 元，预计正常销售量为 4 000 件。

要求：

（1）计算盈亏临界点销售量。

（2）计算安全边际及安全边际率。

2. 某公司 2023 年实际的销售量为 1 000 件，销售价格为 200 元，单位变动成本为 90 元，营业利润为 55 000 元。

要求：

（1）计算 2023 年销售量敏感系数。

（2）2024 年计划增加销售量 5%，试用销售量敏感系数预测营业利润。

（3）若 2024 年的目标利润为 66 000 元，试用销售量敏感系数计算应该达到的销售量。

3. 常印是乡镇企业的经营策划者，他发现，每逢公历 2，5，8 日的集市，都有百里以外的企业到这里批发或零售雪糕、冰淇淋。大小商贩、个人要排很长的队才能买到，他也时常看到乡村的娃娃花高价却吃了劣质的冰淇淋。于是他想自己创办一个冰淇淋加工厂。

（1）需求量资料：周边 5 个乡镇，每个乡镇约有人口 8 万，总计约 40 万。按现有生活水平和消费观念估算，即使在 11—12 月、1—4 月淡季，每日也需要 40 000 支冰淇淋；在 5—10 月，每日则需要 80 000～90 000 支。经咨询和测算，该加工厂只要能保证冰淇淋的质量，价格合理，就能够占有 60%～65% 的市场份额。

（2）成本费用资料：为了减少风险，常印打算采用租赁方式经营，估计全套设备年租金需要 45 000 元（可用房地产等实物作抵押，不必支付现金）；库房和车间每月固定支付租金 2 000 元。工人招聘按现行劳务报酬计算，每生产 1 000 支冰淇淋应支付计件工资 28 元；聘用管理人员、采购人员各 1 名，月薪分别为 1 500 元；技术人员 1 名，月薪 2 000 元；每月固定支付卫生费和税金 1 000 元。生产冰淇淋按市场价格计算所耗各种费用如下（以每锅料为标准，每锅料能生产 1 000 支冰淇淋）：

主要材料：188 元，其中，淀粉 100 元、奶粉 56 元、白砂糖 30 元、食用香精 2 元。

其他费用：52 元，其中，水费 3 元（其中 1 元为冰淇淋所耗用）、电费 15 元、煤炭费 5 元、氨（制冷用）4 元、包装纸和木棍 25 元。

（3）生产能力：从设备运转能力看，日生产能力 12 锅；考虑机器设备的维修、节假日和天气情况等原因，预计全年可工作 300 天。

（4）定价：按现行同等质量冰淇淋的市场平均价格定价为 0.35 元/支。

（5）资金来源：个人储蓄（不考虑利息费用）。

要求：

（1）分析常印的冰淇淋加工厂的盈利能力并决定是否应开业。

（2）每年预计获利多少？

（3）若要每年获利 18 万元，能否实现？如不能实现，可以采取哪些措施？是否可行？

资料来源：周亚力. 管理会计：理论·方法·案例. 上海：立信会计出版社，2006.

□ 练习题参考答案

一、名词解释

1. 贡献毛益，是指产品销售收入扣除变动成本后的余额，反映为企业做出的贡献，而这种贡献要在扣除固定成本后才能成为真正的贡献（即利润）。

2. 盈亏临界点，也称盈亏分歧点、保本点、两平点等，是指企业利润为零、达到不盈不亏时的状态。

3. 盈亏临界点分析，就是根据成本、销售量（或销售额）、利润等因素之间的函数关系，预测企业在何种情况下达到不盈不亏的状态。

4. 盈亏临界点作业率，是指盈亏临界点的销售量占企业正常销售量的百分比。所谓正常销售量，是指企业在正常市场环境和正常开工情况下产品的销售量。盈亏临界点作业率的计算公式如下：

$$盈亏临界点作业率 = \frac{盈亏临界点销售量}{正常销售量} \times 100\%$$

盈亏临界点作业率可以表明企业在保本状态下生产能力的利用程度。

5. 安全边际，是指正常销售量或者现有销售量超过盈亏临界点销售量的差额，反映某一产品经营的安全性。安全边际表明企业的销售量在超过盈亏临界点的销售量之后的富余量，或者说，现有销售量降低多少将会发生亏损。

6. 加权平均贡献毛益率，是指按企业所有产品计算的平均贡献毛益率，等于 $\sum$（某一产品的贡献毛益率 × 该产品的销售比重），反映企业整体的盈利水平。

7. 敏感系数，是反映销售量、销售价格、单位变动成本和固定成本诸因素变化对利润产生影响程度的指标，其计算公式为：

$$敏感系数 = \frac{目标值变动百分比}{因素值变动百分比}$$

企业的决策人员需要知道利润对哪些因素的变化比较敏感，对哪些因素的变化不太敏感，以便分清主次，抓住重点，确保目标利润的实现。

二、判断题

1. ×	2. ×	3. ×	4. ×
5. √	6. ×	7. √	8. √
9. √	10. √		

三、单项选择题

1. B	2. A	3. A	4. D
5. B	6. A	7. A	8. D
9. B			

四、多项选择题

1. ABDE	2. ACD	3. CD	4. AC
5. BC	6. DE	7. ABCD	8. ABCD
9. BC			

五、简答题

1. 研究盈亏临界点有何意义？

答：盈亏临界点的贡献在于：说明该产品在什么状态下将盈利或亏损；说明该产品在同行业竞争中所处的状态，因为盈亏临界点越高，竞争力越低；成为经营决策的基础，企业应选择盈亏临界点低、发展潜力大、安全性好的产品。

2. 计算敏感系数的作用是什么？

答：主要用于综合分析：在确定各相关因素的敏感系数后，根据敏感系数的排序，按最大原则寻找利润最大的组合方案，并在方案实施的过程控制中，选择控制的重点和方法。

3. 利润对固定成本、单位变动成本、销售价格以及销售量等因素变化的敏感程度是如何测量的？

答：利润对固定成本、单位变动成本、销售价格以及销售量等因素变化的敏感程度可以通过各因素的敏感系数来测量和排序，敏感系数的计算如下：

$$敏感系数 = \frac{目标值变动百分比}{因素值变动百分比}$$

敏感系数为正值，表示该因素与利润同方向变动；敏感系数为负值，表示该因素与利润反方向变动。在进行敏感程度分析时，敏感系数是正是负无关紧要，关键是看敏感系数绝对值的大小，越大则说明敏感程度越高。

4. 固定成本、变动成本、销售价格、销售量的敏感程度一定是按销售价格＞单位变动成本＞销售量＞固定成本的顺序排列吗？请举例比较说明。

答：不一定，因为单位变动成本和销售量的排列顺序可能不一定。

举例1：假设某企业生产和销售单一产品。计划年度预计有关数据如下：销售量为5 000件，销售价格为50元，单位变动成本为20元，固定成本为60 000元，企业目标利润为90 000元。当各因素分别增长20%时，敏感系数分别为：

固定成本敏感系数＝－0.67
单位变动成本敏感系数＝－1.1
销售价格敏感系数＝2.78
销售量敏感系数＝1.67

此时，上述四个因素按敏感系数排列的顺序是：销售价格＞销售量＞单位变动成本＞固定成本。在通常情况下，销售价格的敏感系数最大，固定成本敏感系数最小。但如果一些条件发生变化，情况如何呢？

举例2：将例1中单位变动成本改为30元，固定成本改为50 000元，其他资料不变，各因素的敏感系数请大家计算。这时敏感系数排列的顺序是：销售价格＞单位变动成本＞销售量＞固定成本。与上例条件下各因素按敏感系数的排序相比，单位变动成本与销售量两个因素相互调换了位置。

5. 敏感性分析在企业利润规划时是如何发挥作用的？请具体分析。

答：敏感性分析主要研究两方面的内容：一是有关因素发生多大变化时会使企业由盈利变为亏损，即保本点问题；二是有关因素变化对利润变化的影响程度。

当企业进行利润规划时，可以从销售量、销售价格、单位变动成本和固定成本这四个方面控制。

因为销售量是与利润同方向变动的，所以销售量的临界值实际上是实现目标利润的销售量最小值。其中，最小销售量＝（目标利润＋固定成本）/（销售价格－单位变动成本）。同销售量一样，销售价格也是与利润同方向变动的，所以销售价格的临界值实际上是指实现目标利润的销售价格最小值。其中，最低销售价格＝单位变动成本＋（目标利润＋固定成本）/销售量。单位变动成本与利润是反方向变动的，所以单位变动成本临界值实际上是指实现目标利润的单位变动成本的最大值。其中，最大单位变动成本＝销售价格－（目标利润＋固定成本）/销售量。固定成本与利润是反方向变动的，所以固定成本临界值实际上是实现目标利润的固定成本最大值。其中，最大固定成本＝（销售价格－单位变动成本）×销售量－目标利润。

六、计算题

1. 答：

（1）盈亏临界点销售量 $= \dfrac{60\,000}{30} = 2\,000$（件）

（2）安全边际 $= 4\,000 - 2\,000 = 2\,000$（件）

安全边际率 $= \dfrac{2\,000}{4\,000} \times 100\% = 50\%$

2. 答：

（1）销售量敏感系数 $= \dfrac{1\,000 \times (200 - 90)}{55\,000} = 2$

（2）2024 年计划增加销售量 5%，由于销售量的敏感系数为 2，因此

利润增长率 $= 5\% \times 2 = 10\%$

2024 年预期营业利润 $= 55\,000 \times (1 + 10\%) = 60\,500$（元）

（3）若 2024 年目标利润为 66 000 元，即在 2023 年营业利润的基础上增长 20%，则

销售量增长率 $= \dfrac{\text{营业利润增长率}}{\text{销售量敏感系数}} = \dfrac{20\%}{2} = 10\%$

2024 年销售量 $= 1\,000 \times (1 + 10\%) = 1\,100$（件）

3. 答：

（1）资料分析如下：

单位变动成本：268 元。其中，材料 214 元（主要材料 188 元、水费 1 元、包装纸和木棍 25 元），生产工人工资 28 元，变动制造费用 26 元（水费 2 元、电费 15 元、煤炭费 5 元、氨 4 元）。

固定成本：141 000 元。其中，固定制造费用 129 000 元（管理人员工资 36 000 元、技术人员工资 24 000 元、设备租金 45 000 元、车间仓库租金 24 000 元），其他固定性费用（卫生费和税金）12 000 元（1 000×12）。

销售价格：350 元（0.35×1 000）。

年销售量：日生产能力 12 000 支（1 000×12）＜需求量（40 000 支），所以每天利用最大生产能力仍然供不应求，年销售量相当于 3 600 锅（12×300）。

保本点 $= \dfrac{\text{固定成本}}{\text{销售价格} - \text{单位变动成本}} = \dfrac{141\,000}{350 - 268} = 1\,720$（锅）

由于 1 720 锅＜3 600 锅，因此该冰淇淋加工厂可以开业。

（2）预计利润＝（销售价格－单位变动成本）×销售量－固定成本

$$＝(350-268)×3\,600-141\,000$$
$$＝154\,200(元)$$

（3）根据上述计算，无法实现年获利 180 000 元的利润目标。若想实现，应从以下方面努力。

1）降低单位变动成本。

$$单位变动成本＝销售价格-\frac{目标利润＋固定成本}{销售量}$$
$$＝350-\frac{180\,000＋141\,000}{3\,600}$$
$$＝261(元)$$

如果其他条件不变，将单位变动成本降低到 261 元（降低成本 7 元），就目前物价和工资水平看，可能会影响到产品质量，导致市场销售量下降，甚至影响企业形象。该方法不太可行。

2）降低固定成本。

$$固定成本＝(销售价格-单位变动成本)×销售量-目标利润$$
$$＝(350-268)×3\,600-180\,000$$
$$＝115\,200(元)$$

如果其他条件不变，将固定成本降低到 115 200 元（降低成本 25 800 元），就目前企业状况来看，该方法不太可行。

3）扩大销售量。

从上述调查和分析可以看出，企业产品供不应求，完全可以扩大销售量增加利润，但是设备生产能力不允许。

4）提高销售价格。

$$销售价格＝单位变动成本＋\frac{目标利润＋固定成本}{销售量}$$
$$＝268＋\frac{180\,000＋141\,000}{3\,600}＝357(元)$$

其他价格条件不变，将销售价格提高到 357 元。从目前市场同类产品的价格看，均低于 357 元，如果提价，将影响产品销售量。该方法不太可行。

5）扩大规模。

从上述分析来看，扩大企业规模可以实现目标利润。租用设备、雇用人员就市场需求量来看是可行的，但是资金状况、车间、仓库等承租情况还要进一步调查。

教材习题解析

一、思考题

1. 什么是贡献毛益？理解贡献毛益对掌握成本与管理会计有何作用？

答：贡献毛益又称创利额、边际贡献，是指销售收入扣除变动成本后为企业所做的贡献，而这种贡献要在扣除固定成本后才能成为真正的贡献（即利润）。它对理解和掌握成本与管理会计的作用在于：（1）说明在产品或服务这一层面上是否盈利（即说明产品或服务在本质上是否盈利），只有产品或服务盈利了，企业才有盈利的可能；（2）贡献毛益－固定成本＝利润，说明在企业这一层面上是否盈利取决于贡献毛益是否大于固定成本。贡献毛益从两个层面说明了盈利的路径和方法。

2. 什么是贡献毛益率和变动成本率？二者之间有什么数量关系？

答：贡献毛益率是指单位产品的贡献毛益在销售价格中所占的比例，变动成本率则是指单位变动成本在销售价格中所占的比例。两者之间的数量关系是：贡献毛益率＋变动成本率＝1。

3. 什么是盈亏临界点？单一产品盈亏临界点分析有几种计算模型？试说明各种模型的应用。

答：盈亏临界点又称保本点，是指利润为零时的销售量或销售额。单一品种产品的盈亏临界点有两种计算公式：

$$盈亏临界点销售量 = \frac{固定成本}{销售价格 - 单位变动成本}$$

$$盈亏临界点销售额 = \frac{固定成本}{1 - 变动成本率}$$

盈亏临界点销售量在单一产品盈亏临界点的计算中有简单、实用等优点，但其缺点在于无法用于多种产品保本点的计算；盈亏临界点销售额恰恰解决了多种产品保本点的计算问题，使盈亏临界点的运用更广泛。

4. 影响盈亏临界点的因素有哪些？它们是如何影响盈亏临界点的？

答：影响盈亏临界点的因素有：销售价格、固定成本、单位变动成本和品种构成。其中，固定成本与单位变动成本的下降、销售价格的提高会使盈亏临界点的取值趋小；反之，固定成本与单位变动成本的上升、销售价格的下降则会使盈亏临界点的取值变大。品种构成的影响比较复杂，是通过加权平均贡献毛益率的变化影响盈亏临界点，提高加权平均贡献毛益率将会使盈亏临界点的取值趋小，否则相反。

值得注意的是，销售量的变化不会影响盈亏临界点的取值，但会影响盈亏。

5. 什么是安全边际？安全边际是如何用于计量经营风险的？

答：安全边际是指正常销售量或者现有销售量超过盈亏临界点销售量的差额。这一差额表明企业的销售量在超出盈亏临界点销售量之后，到底有多大的盈利空间；或者说，现有的销售量降低多少就会发生亏损。安全边际除了可以用现有销售量与盈亏临界点销售量的差额表示，还可以用相对数来表示，即安全边际率。

计量经营风险通常使用安全边际率来衡量：安全边际率越大，企业实现的利润就越多，经营也就越安全。安全边际率越大就越不安全。按照国际惯例，安全边际率可用于经营安全性的测试：

<10%	非常危险
10%～20%	危险
20%～30%	值得注意
30%～40%	安全
>40%	非常安全

6. 试述销售价格、固定成本及单位变动成本变动对盈亏临界点及实现目标利润所产生的影响。

答：销售价格、固定成本及单位变动成本变动对盈亏临界点的影响为：固定成本与单位变动成本下降、销售价格提高会使盈亏临界点的取值趋小；反之，固定成本与单位变动成本上升、销售价格下降则会使盈亏临界点的取值变大。

因此，固定成本、单位变动成本与实现目标利润反向变动，销售价格与实现目标利润同向变动。

此外，销售量的变化不会影响盈亏临界点的取值，但会影响盈亏。品种结构既影响盈亏临界点，也影响经营安全性。例如，提高加权平均贡献毛益率将会使盈亏临界点的取值趋小，对实现目标利润产生积极影响。

7. 为降低盈亏临界点、增加产品经营安全性，你认为可以采取哪些综合措施？为什么？

答：由于固定成本、单位变动成本、销售价格都会影响盈亏临界点，进而影响经营安全性。因此，降低盈亏临界点、增加产品经营安全性应从有效降低固定成本、单位变动成本，合理提高销售价格入手。

销售量虽然不影响盈亏临界点，但影响经营的安全性。因此，增加产品经营安全性应从有效增加销售量入手。

由于品种构成既影响盈亏临界点，也影响经营安全性。因此，降低盈亏临界点、增加产品经营安全性应从改变品种构成、提高加权平均贡献毛益率入手。

8. 什么是敏感性分析？试说出各因素对利润的敏感系数应如何计算。

答：敏感性分析旨在分析当某一因素发生变化时会引起目标值发生什么样的变化以及变化的程度，因此主要研究两方面的内容：一是有关因素发生多大变化时会使企业由盈利变为亏损，即盈亏临界点问题；二是有关因素变化对利润变化的影响程度。

各因素对利润的敏感系数的一般计算公式如下：

$$敏感系数 = \frac{目标值变动百分比}{因素值变动百分比}$$

公式中敏感系数若为正值，表明它与利润为同向增减关系；敏感系数若为负值，表明它与利润为反向增减关系。

二、练习题

1. 答：

$$保本点销售额 = \frac{10\,000}{1-0.3} = 14\,285.71(元)$$

由于 30 000 元 ≥ 14 285.71 元，公司因增加广告支出而增加毛利 11 000 元（3 000×(1−0.3)−10 000），因此可行。

2. 答：

(1) 销售收入 = 60 000÷40% = 150 000(元)

固定成本 = 150 000−60 000−18 000 = 72 000(元)

销售量 = 60 000÷12 = 5 000(件)

销售价格 = 150 000÷5 000 = 30(元)

$$保本销售量 = \frac{72\,000}{30-12} = 4\,000(件)$$

(2) 税前利润 = 5 000×(1+8%)×(30−12)−72 000 = 25 200(元)

3. 答：

(1) 实现目标利润的销售量 $= \dfrac{100\,000+50\,000}{80-50} = 5\,000(件)$

(2) 销售量敏感系数 $= \dfrac{4\,000×(80-50)}{70\,000} = 1.71$

销售价格敏感系数 $= \dfrac{4\,000×80}{70\,000} = 4.57$

单位变动成本敏感系数 $= -\dfrac{4\,000×50}{70\,000} = -2.86$

固定成本敏感系数 $= -\dfrac{50\,000}{70\,000} = -0.71$

4. 答：

方案一：

销售价格 = 10−0.5 = 9.5(元/件)

销售量＝2 000×(1＋35％)＝2 700(件)

单位变动成本＝8(元/件)

固定成本＝3 000(元)

预计利润＝2 700×(9.5－8)－3 000＝1 050(元)

方案二：

销售价格＝10(元/件)

销售量＝2 000×(1＋20％)＝2 400(件)

单位变动成本＝8(元/件)

固定成本＝3 000＋500＝3 500(元)

预计利润＝2 400×(10－8)－3 500＝1 300(元)

比较两个方案的预计利润可知，方案二的预计利润比方案一高出250元，所以方案二更有利。

5. 答：

(1) 专用设备购置以前。

单位变动成本＝22 500÷1 500＝15(元/件)

单位产品的边际贡献＝36－15＝21(元)

盈亏临界点的销售量＝20 000÷21＝952(件)

安全边际＝1 500－952＝548(件)

可实现利润＝548×21＝11 508(元)

(2) 专用设备购置以后。

单位变动成本＝22 500×(1－20％)÷1 500＝12(元/件)

每年增加折旧费＝20 000÷5＝4 000(元)

$$盈亏临界点销售量＝\frac{20\,000＋4\,000}{36－12}＝1\,000(件)$$

可实现利润＝(1 500－1 000)×(36－12)＝12 000(元)

购置专用设备可使企业每年增加利润492元（12 000－11 528），说明购置设备是合理的。

6. 答：

(1) 分别计算各有关因素的敏感系数。

可实现利润＝5 000×(50－20)－60 000＝90 000(元)

$$销售量敏感系数＝\frac{5\,000×(50－20)}{90\,000}＝1.67$$

$$销售价格敏感系数＝\frac{5\,000×50}{90\,000}＝2.78$$

$$单位变动成本敏感系数=\frac{-5\,000\times20}{90\,000}=-1.11$$

$$固定成本敏感系数=-\frac{60\,000}{90\,000}-0.67$$

（2）确定最优决策方案。

方案一：

$$利润增长率=10\%\times1.67+2\%\times40\%\times1.11-2.5\%\times2.78=10.638\%$$

方案二：

$$利润增长率=-4\%\times0.67+6\%\times2.78-3.5\%\times1.67=8.155\%$$

由于方案一的利润增长率达到计划要求，因而为最优方案。

7. 答：

计算结果见表 6-1。

表 6-1　生产和销售情况一览表

案例	销售收入 （元）	变动成本总额 （元）	贡献毛益率 （%）	固定成本总额 （元）	净利润 （元）
1	180 000	108 000	40	60 000	12 000
2	300 000	165 000	45	100 000	35 000
3	250 000	175 000	30	80 000	−5 000
4	400 000	260 000	35	110 000	30 000

8. 答：

（1）销售收入 $=45\times7\times4\times80\%\times50\times5=252\,000$（美元）

$$盈亏临界点=\frac{150\,000}{45-15}=5\,000（人餐数）$$

（2）实现 75 600 美元营业利润的人餐数 $=\frac{75\,600+150\,000}{45-15}=7\,520$（人餐数）

销售收入 $=7\,520\times45=338\,400$（美元）

（3）为实现目标利润 75 600 美元，平均每晚提供的人餐数计算如下：

$$平均每晚提供的人餐数=\frac{7\,520}{50\times5}=30.08（人餐数）$$

（4）餐馆每晚的接待能力 $=7\times4=28$（人餐数）

由于餐馆每晚的接待能力（28 人餐数）小于实现目标利润应提供的人餐数（30 人餐数），如要确保实现 75 600 美元的营业利润，就不应该开这家餐馆。

C 第7章
Chapter 7 短期成本与经营决策

学习目标

本章主要帮助学习者深入理解前述各种短期成本的概念及其分类，并结合经营管理的内容和要求，熟练掌握经营决策的各种方法。

学习指导

1. 学习重点

（1）了解短期成本的概念及影响短期成本变动的原因。

（2）掌握品种决策、产品组合优化决策、生产组织决策的内容与方法。

（3）了解生产经营决策的理论基础、程序应用、内容展开和方法原理，并能够融会贯通地掌握生产经营决策的相关内容。

（4）从业财融合的角度理解成本与管理会计的本质特征。

2. 学习难点

（1）在掌握基本理论、基本概念和基本方法，并对生产活动和经营管理有一定了解的基础上学以致用。

（2）从更广泛的角度理解和掌握业（使用价值管理）、财（价值管理）融合的路径和方法。

（3）循序渐进，注意各章节之间的联系，注意许多概念和方法往往可以灵活地应用于不同的管理方向和内容，培养分析判断的能力。

练习题

一、名词解释

1. 短期成本
2. 贡献毛益分析法
3. 剩余贡献毛益
4. 差量分析法
5. 成本无差别点
6. 逐次测算法
7. 最优生产批量
8. 相对成本
9. 产品组合优化决策

二、判断题

1. 对于亏损产品来说，不存在是否应当增产的问题。　　　　　　　（　　）

2. 利用成本无差别点进行生产经营决策时，如果业务量大于成本无差别点，则应选择固定成本较高的方案。　　　　　　　　　　　　　　　　（　　）

3. 成本无差别点分析法适用于收入成本型方案的最优选择。　　　（　　）

4. 生产经营决策中，只需根据单位贡献毛益的大小即可进行最优决策。

（　　）

5. 差量损益既是差量收入与差量成本之间的数量差异，又是两个备选方案的预期收益之间的数量差异。　　　　　　　　　　　　　　　　　（　　）

6. 差量分析法要求严格区分两个备选方案中哪个是比较方案，哪个是被比较方案。　　　　　　　　　　　　　　　　　　　　　　　　　　（　　）

7. 差量分析法仅适用于两个方案之间的比较。　　　　　　　　　（　　）

8. 贡献毛益的大小反映备选方案对企业目标利润所做贡献的大小。（　　）

9. 在是否接受低价追加订货的决策中，如果追加订货量大于剩余生产能力，必然会出现与冲击正常生产任务相联系的机会成本。　　　　　　　（　　）

10. 只要亏损产品能够提供贡献毛益，就一定要继续生产；凡不能提供贡献毛益的亏损产品，都应予以停产。　　　　　　　　　　　　　　　（　　）

11. 由于外购零件而使得剩余生产能力出租获取的租金收入，应作为自制方案的机会成本考虑。　　　　　　　　　　　　　　　　　　　　　（　　）

12. 产品组合优化决策就是确定各种产品生产多少的决策。　　　（　　）

13. 在最优生产批量决策中，年成本曲线是凹形曲线，在年成本最低点处，年准备成本与储存成本相等。　　　　　　　　　　　　　　　　　（　　）

14. 如果用一台设备轮换生产几种零部件或产品，其中某种零部件或产品的经济批量等于该零部件或产品全年产量与最优共同生产批次之商。　　（　　）

15. 一般而言，生产工艺越先进，其单位变动成本越高，固定成本越低。

（　　）

16. 一般而言，当一种零部件可以由多种设备加工时，零部件应该交由相对

成本较低的设备去加工。 （　　）

17. 当生产任务增加而各车间的生产能力又有剩余时，为达到总成本最低的目的，应将增产任务分配给单位成本最低的车间。 （　　）

18. 在品种决策中，经常以成本作为判断方案优劣的标准，有时也以贡献毛益作为判断标准。 （　　）

19. 产品组合优化决策适用于资源无限的多品种产品生产的企业。 （　　）

20. 市场销售不受限制的情况下，进行方案选择时可以采用贡献毛益分析法。
（　　）

21. 平均成本和边际成本是短期成本中两个重要的概念。 （　　）

三、单项选择题

1. 某企业2023年生产某亏损产品的贡献毛益总额为3 000元，固定成本为1 000元，假定2024年其他条件不变，但生产能力可对外出租，一年的增加收入为（　　）元时，应停产该种产品。

　　A. 2 001　　　　　　B. 3 001　　　　　　C. 3 000　　　　　　D. 2 900

2. 两个可供选择的方案之间预期成本的差异即是（　　）。

　　A. 边际成本　　　　　　　　　　　B. 变动成本

　　C. 差量成本　　　　　　　　　　　D. 机会成本

3. 在短期经营决策中，企业不接受特殊价格追加订货的原因是买方出价低于（　　）。

　　A. 正常价格　　　　　　　　　　　B. 单位产品成本

　　C. 单位变动成本　　　　　　　　　D. 单位固定成本

4. 当实现利润最大化时，边际成本与边际收入的关系是（　　）。

　　A. 边际收入大于边际成本　　　　　B. 边际收入小于边际成本

　　C. 边际收入等于边际成本　　　　　D. 边际收入与边际成本无关

5. 在存在专属成本的情况下，通过比较不同备选方案的（　　）来进行择优决策。

　　A. 贡献毛益总额　　　　　　　　　B. 剩余贡献毛益总额

　　C. 单位贡献毛益　　　　　　　　　D. 单位剩余贡献毛益

6. 在不存在专属成本的情况下，通过比较不同备选方案的（　　）来进行择优决策。

　　A. 贡献毛益总额　　　　　　　　　B. 剩余贡献毛益总额

　　C. 单位贡献毛益　　　　　　　　　D. 单位剩余贡献毛益

7. 在企业的某项资源受到限制的情况下，通过比较不同备选方案的（　　）来进行择优决策。

　　A. 贡献毛益总额　　　　　　　　　B. 剩余贡献毛益总额

C. 单位产品贡献毛益　　　　　　　D. 单位资源贡献毛益

8. 剩余贡献毛益与贡献毛益之差为（　　）。

A. 变动成本　　　　　　　　　　　B. 固定成本

C. 专属成本　　　　　　　　　　　D. 联合成本

9. 差量分析法适用于（　　）方案的择优选择。

A. 收入型　　　　　　　　　　　　B. 成本型

C. 收益型　　　　　　　　　　　　D. 以上都不是

10. 通过比较各备选方案贡献毛益的大小来确定最优方案的分析方法，称为（　　）。

A. 差量分析法　　　　　　　　　　B. 概率分析法

C. 贡献毛益分析法　　　　　　　　D. 成本无差别点分析法

11. 在进行半成品是否进一步深加工的决策时，应对半成品在加工后增加的收入和（　　）进行分析研究。

A. 进一步加工前的变动成本　　　　B. 进一步加工追加的成本

C. 进一步加工前的全部成本　　　　D. 加工前后的全部成本

12. 当企业利用剩余生产能力选择生产新产品，而且每种新产品都没有专属成本时，应将（　　）作为选择标准。

A. 销量价格　　　　　　　　　　　B. 成本

C. 贡献毛益　　　　　　　　　　　D. 产销量

13. 在将增产任务分配给车间时，应以（　　）为标准选择车间。

A. 单位成本　　　　　　　　　　　B. 单位变动成本

C. 单位贡献毛益　　　　　　　　　D. 单位机器工时贡献毛益

14. 生产经营决策是指不涉及新的固定资产的投资，一般只涉及一年以内的有关经济活动，以下项目中不属于生产经营决策的有（　　）。

A. 在生产多种产品品种的情况下，如何实现产品的最优组合

B. 在自制零件需要投入一定专属固定成本的情况下，对自制和外购方案进行选优

C. 寻找最佳的产品定价

D. 对联产品进一步加工所需的新设备做出是否投资的决策

15. 在进行产品增产决策时，是以每一机器小时提供的贡献毛益的大小为选择依据，这是因为（　　）。

A. 各种产品的贡献毛益不同

B. 对于各种产品，每一机器小时生产出来的数量不同

C. 产品增产后总的效益取决于剩余生产能力的多少

D. 各种产品的单位净收益不同

16. 假设某厂有剩余生产能力 1 000 机器小时，有甲、乙、丙、丁四种产品，单位贡献毛益分别为 4 元、6 元、8 元和 10 元，生产一件产品所需的机器小时分别为 4 小时、5 小时、6 小时和 7 小时，则该厂应增产的产品是（　　）。

A. 甲产品　　　　　　　　　　B. 乙产品

C. 丙产品　　　　　　　　　　D. 丁产品

17. 有一企业同时生产甲、乙、丙三种产品，贡献毛益分别为 200 元、120 元和 130 元，现在这三种产品的年利润分别是 5 000 元、5 200 元和 −800 元，这时企业有多种方案可供选择，其中最好的是（　　）。

A. 将亏损 800 元的丙产品停产

B. 丙产品停产，用其腾出的生产能力生产贡献毛益较大且超过丙产品的产品

C. 丙产品继续生产

D. 丙产品停产，利用其腾出的生产能力转而生产利润最高的产品乙

18. 在产销平衡的情况下，一个企业同时生产多种产品，其中一种单位贡献毛益为正的产品最终变为亏损产品，其根本原因在于（　　）。

A. 该产品存在严重积压

B. 该产品总成本太高

C. 该产品分担的固定成本相对较高

D. 该产品销量太小

19. 一家生产电子器件的企业为满足客户追加订货的需要，增加了一些成本开支，其中（　　）是专属固定成本。

A. 为及时完成该批产品的生产购入一台新设备

B. 为及时完成该批追加订货支付职工加班费

C. 为生产该批产品机器设备增加的耗电量

D. 该厂为生产该批产品及以后的生产建造了一间新的厂房

20. 某厂需要零件甲，其外购单价为 10 元。若自行生产，单位变动成本为 6 元，且需要为此每年追加 10 000 元的固定成本，通过计算可知，当该零件的年需要量为（　　）件时，两种方案等效。

A. 2 500　　　　　　　　　　B. 3 000

C. 2 000　　　　　　　　　　D. 1 800

21. 某厂生产某种产品需一种零件，其外购单价最高为 1.2 元，这一价格随采购数量的不同而变化：每增加 1 000 件，单价降低 0.1 元。若该零件自制能满足生产需要，不需追加固定成本，其单位成本为 1 元/件。零件的数量在 0～5 000 件变动时，自制和外购方案的成本平衡点将是（　　）。

A. 不存在　　　　　　　　　　B. 2 000 件

C. 2 000～3 000 件　　　　　　　D. 2 500 件

22. 某公司生产一种化工产品甲，进一步加工可以生产高级化工产品乙。甲、乙两种产品的销售价格分别为 50 元/千克、120 元/千克，但乙产品的生产每年需要追加固定成本 20 000 元，变动成本为 10 元/千克。若每千克甲产品可加工得到 0.6 千克乙产品，则该公司应该（　　）。

　　A. 进一步加工生产产品乙

　　B. 当甲产品的年销售量超过 1 250 千克（或乙产品超过 750 千克）时，将甲产品进一步加工成乙产品

　　C. 将甲产品出售，不应进一步加工

　　D. 两种方案任选其一

23. 下列公式错误的有（　　）。

　　A. 产品销售价格＝（单位预测成本＋单位预测利润）/（1－销售税率）

　　B. 单位预测利润＝该产品预测利润总额/该产品预测销售量

　　C. 产品销售价格＝单位预测成本/（1－销售税率）

　　D. 销售利润率＝该产品预测利润总额/该产品预测销售收入

24. 在一种设备上可以加工几种零部件时，以某一种零部件的单位成本为基数（一般为 1），将其他各种零部件的单位成本逐一与之相比而得到的系数是（　　）。

　　A. 相关成本　　　　　　　　　　B. 机会成本

　　C. 相对成本　　　　　　　　　　D. 专属成本

25. 与生产批量成正比，与生产批次成反比的是（　　）。

　　A. 储存成本　　　　　　　　　　B. 相对成本

　　C. 订货成本　　　　　　　　　　D. 生产准备成本

26. 与生产批量成反比，与生产批次成正比的是（　　）。

　　A. 储存成本　　　　　　　　　　B. 相对成本

　　C. 单位变动成本　　　　　　　　D. 生产准备成本

27. 在固定成本不变的情况下，下列情况中应该采取外购策略的是（　　）。

　　A. 自制单位变动成本＜外购价格

　　B. 自制单位变动成本＝外购价格

　　C. 自制单位变动成本＞外购价格

　　D. 自制单位产品成本＞外购价格

28. 某企业生产某种半成品 2 000 件，完成一定加工工序后，可以立即出售，也可以进一步深加工之后再出售。如果立即出售，销售价格为 15 元，若深加工后出售，销售价格为 24 元，但要多付加工费 9 500 元，则直接出售方案的相关成本为（　　）元。

　　A. 48 000　　　　　B. 30 000　　　　　C. 38 500　　　　　D. 0

四、多项选择题

1. 用贡献毛益分析法进行决策分析时，必须以（　　）判断备选方案的优劣。

   A. 贡献毛益总额　　　　　　　　B. 单位小时贡献毛益

   C. 单位贡献毛益　　　　　　　　D. 机器小时贡献毛益

   E. 剩余贡献毛益

2. 当剩余生产能力无法转移时，亏损产品不应停产的条件有（　　）。

   A. 该亏损产品的变动成本率大于1

   B. 该亏损产品的变动成本率小于1

   C. 该亏损产品的贡献毛益大于零

   D. 该亏损产品的单位贡献毛益大于零

   E. 该亏损产品的贡献毛益率大于零

3. 贡献毛益分析法适用于（　　）。

   A. 收入成本型方案的择优决策

   B. 企业的各种经营决策

   C. 收益型方案的择优决策

   D. 不需用的机器设备是出售还是出租的决策

   E. 出售半成品还是出售完工产品的决策

4. 差量成本这一概念经常用于（　　）的决策。

   A. 不同生产能力利用率下的成本差别

   B. 接受追加订货

   C. 零部件是外购还是自制

   D. 某项不需用的设备是出租还是出售

   E. 半成品直接出售还是加工为成品后再出售

5. 下列各项中属于生产经营决策的有（　　）。

   A. 购置资产的决策　　　　　　　B. 深加工的决策

   C. 最优售价的决策　　　　　　　D. 生产工艺技术方案的决策

   E. 亏损产品的决策

6. 在半成品是否进一步深加工的决策中，差量成本的构成项目有（　　）。

   A. 原有生产能力的维持成本　　　B. 新增专属固定成本

   C. 原有生产能力对外出租收入　　D. 半成品自制成本

   E. 继续深加工的变动成本

7. 下列各项中属于生产经营相关成本的有（　　）。

   A. 增量成本　　　　　　　　　　B. 机会成本

   C. 不可避免成本　　　　　　　　D. 沉没成本

E. 专属成本

8. 在对亏损产品进行变动成本分析之后，可做出（　　）的选择。

A. 停产　　　　　　　　　　　　B. 继续生产

C. 出让　　　　　　　　　　　　D. 出租

E. 转产

9. 品种决策旨在解决生产什么产品的问题，例如（　　）。

A. 生产何种新产品　　　　　　　B. 亏损产品是否停产

C. 零部件是自制还是外购　　　　D. 产品由谁生产

E. 半成品（或联产品）是否需要进一步加工

10. 贡献毛益分析法适用于（　　）的择优决策。

A. 收入成本型方案　　　　　　　B. 多个方案

C. 收益型方案　　　　　　　　　D. 单一方案

E. 成本型方案

11. 下列成本中属于短期成本的有（　　）。

A. 固定成本　　　　　　　　　　B. 可控成本

C. 机会成本　　　　　　　　　　D. 沉没成本

E. 约束性成本

12. 影响短期成本变动的因素主要有（　　）。

A. 投入要素的种类　　　　　　　B. 生产规模

C. 员工的熟练程度　　　　　　　D. 劳动手段

E. 劳动对象

五、简答题

1. 贡献毛益与销售利润有什么区别？理解贡献毛益对拓展管理思维有什么帮助？

2. 不同生产工艺的成本有何特点？应如何进行决策？

3. 如何正确进行自制还是外购的决策？

4. 如何进行几种零部件轮换分批生产的经济批量决策？

5. 根据单位变动成本分配增产任务需要注意什么问题？

六、计算题

1. 某制造厂有一种通用设备，既可以生产 A 产品，也可以生产 B 产品，两种产品预期的销售量、销售价格和单位变动成本见表 7-1。

表 7-1　相关资料

项目	方案Ⅰ（A产品）	方案Ⅱ（B产品）
预期销售量（件）	1 000	500
预期销售价格（元）	11	26
预期单位变动成本（元）	8	22

要求：利用差量分析法对该企业选用哪个备选方案较为有利进行决策。

2. 某企业现有设备生产能力是 30 000 个机器工时，其利用率为 80%，现准备利用剩余生产能力开发新产品 A、B 或 C，三种产品的资料见表 7-2。

表 7-2　相关资料

项目	A 产品	B 产品	C 产品
单位产品定额工时（小时）	2	3	5
销售价格（元）	15	25	35
单位变动成本（元）	5	15	20

另外，在生产 C 产品时，需增加设备 2 000 元，假设三种产品市场销售不受限制。

要求：利用贡献毛益分析法进行决策。

3. 某汽车齿轮厂生产汽车齿轮，可用普通铣床、万能铣床或数控铣床进行加工，有关资料见表 7-3。

表 7-3　相关资料　　　　　　　　　　　　　　单位：元

成本项目	普通铣床	万能铣床	数控铣床
变动成本	2.40	1.20	0.60
专属成本	90	180	360

要求：利用成本无差别点分析法进行加工方案决策。

4. 某企业有一闲置设备，既可用于甲产品的生产，又可用于出租。如果用于生产甲产品，其收入为 50 000 元，成本费用为 30 000 元；如果用于出租，可获得租金收入 15 000 元。

要求：

（1）分别计算将设备用于生产和用于出租的机会成本。

（2）运用差量成本的概念帮助企业决策。

5. 某企业生产 A、B、C 三种产品，会计决算结果为：A 产品盈利 75 000 元，B 产品盈利 19 000 元，C 产品亏损 60 000 元，其他有关资料见表 7-4（其中，固定成本 400 000 元按变动成本总额分配）。

表 7-4　计算表　　　　　　　　　　　　　　金额单位：元

项目	A 产品	B 产品	C 产品	合计
销售量（件）	1 000	1 200	1 800	
销售价格	900	700	500	
单位变动成本	700	580	450	
单位贡献毛益	200	120	50	
贡献毛益总额	200 000	144 000	90 000	434 000
固定成本	125 000	125 000	150 000	400 000
利润	75 000	19 000	−60 000	34 000

要求：分析 C 产品是否应停产。

6. 某厂生产 A 产品，其中零件下个年度需 18 000 个，如外购每个进价 60 元；如利用车间生产能力进行生产，每个零件的直接材料费用为 30 元，直接人工费用为 20 元，变动制造费用为 8 元，固定制造费用为 6 元，合计 64 元。该车间的设备如不接受自制任务，也不做其他安排。

要求：计算并确定下个年度零件是自制还是外购。

7. 假定上题中自制零件方案需增添专用设备两台，每台价值 100 000 元，使用期限为 5 年，假定没有残值，按直线法计提折旧，每年为 40 000 元。

要求：根据这一变化，判断该厂零件是自制有利还是外购有利。

8. 某企业生产 A 产品，其中半成品原来对外销售，现根据生产能力和市场需要，计划将半成品进一步加工为成品对外销售，另外继续加工需向银行借款买设备，年折旧费为 30 000 元，利息费为 22 500 元，其他资料如表 7 - 5 所示。

表 7 - 5　相关资料

项目	半成品	成品
销售价格（元）	60	100
单位变动成本（元）	42	78
销售量（件）	20 000	18 000

要求：对企业计划做出决策。

9. 某企业计划生产 A 产品 3 600 件，每天可生产 40 件，产销平衡，每批调整准备成本为 200 元，每件产品储存成本为 5 元。

要求：试计算最优生产批量、批次以及最低年成本。

10. 某服装厂年产衬衫 20 000 件，固定成本 40 000 元。其中，人力缝纫机单位成本为 52 元，电动缝纫机的单位成本为 46.33 元。

要求：对使用人力缝纫机和电动缝纫机两个制造工艺方案进行决策。

11. 某企业只生产一种产品，全年最大生产能力为 1 200 件。年初已按 100 元/件的价格接受正常任务 1 000 件，该产品的单位完全生产成本为 80 元/件（其中，单位固定生产成本为 30 元）。现有一客户要求以 70 元/件的价格追加订货。

要求：请考虑以下互不相关的情况，用差量分析法为企业做出是否接受低价追加订货的决策，并说明理由。

（1）剩余能力无法转移，追加订货量为 200 件，不增加专属成本。

（2）剩余能力无法转移，追加订货量为 200 件，但因有特殊要求，企业需追加 1 000 元专属成本。

（3）同（1），但剩余能力可用于对外出租，可获租金收入 5 000 元。

（4）剩余能力无法转移，追加订货量为300件，因有特殊要求需追加1 000元专属成本。

　　12. 某企业现有生产能力40 000个机器工时，尚有20%的剩余生产能力，为充分利用生产能力，准备开发新产品，有甲、乙、丙三种新产品可供选择，资料如表7-6所示。

表7-6　相关资料

项目	甲产品	乙产品	丙产品
预计销售价格（元）	100	60	30
预计单位变动成本（元）	50	30	12
单位定额机器工时（小时）	40	20	10

　　要求：

　　（1）根据以上资料做出开发哪种新产品的决策。

　　（2）如果丙产品的年市场需要量是600件，为充分利用生产能力又将如何安排？

　　13. 某企业本年计划生产甲产品2 000台，销售价格为200元，单位变动成本为140元，现有甲公司向该企业发出订单，要求订货500台，订单报价为170元/台。

　　要求：就以下各种情况分别做出是否接受此订货的决策。

　　（1）如果企业的最大生产能力为3 000台，剩余生产能力不能转移，且追加订货不需要追加专属成本。

　　（2）如果企业的最大生产能力为2 200台，且追加订货不需要追加专属成本。

　　（3）如果企业的最大生产能力为2 500台，但追加订货需要使用某专用设备，该设备的使用成本为2 000元；若不接受追加订货，则该部分生产能力可以出租，可得租金5 000元。

　　（4）如果企业的最大生产能力为2 400台，追加订货需要追加3 000元的专属成本；若不接受追加订货，则该部分生产能力可以承揽零星加工业务，预计可获得贡献毛益总额4 000元。

练习题参考答案

一、名词解释

　　1. 短期成本，是指收益期间小于一年的资源耗费，属于收益性支出。从财务成本角度看，其表现形式为生产成本和期间费用；从管理成本角度看，表现为影响短期经营决策的各种成本。

　　2. 贡献毛益分析法，是指在成本性态分类的基础上，通过比较各备选方案贡献毛益的大小来确定最优方案的分析方法。

3. 剩余贡献毛益，是指贡献毛益总额减专属成本后的余额。

4. 差量分析法，是指当两个备选方案具有不同的预期收入和预期成本时，根据这两个备选方案间的差量收入、差量成本计算的差量损益进行最优方案选择的分析方法。

5. 成本无差别点，是指两个不同方案总成本相等时的业务量水平。其基本公式为：

$$成本无差别点业务量 = \frac{两方案相关固定成本之差}{两方案单位变动成本之差}$$

6. 逐次测算法，是指根据企业有限的生产条件、产品情况及限制因素等数据资料，分别计算单位限制因素所提供的贡献毛益并加以比较，在此基础上经过逐次测试，使各种产品达到最优组合的方法。

7. 最优生产批量，是指生产准备成本与储存成本总和最低时的生产批量。

8. 相对成本，是指在一种设备上可以加工几种零部件时，以某一种零部件的单位成本为基数（一般为 1），将其他各种零部件的单位成本逐一与之相比而得到的系数（倍数）。

9. 产品组合优化决策，是指通过计算、分析，做出各种产品应生产多少才能使各个生产因素得到合理、充分的利用，并获得最大利润的决策。

二、判断题

1. ×	2. √	3. ×	4. ×
5. √	6. ×	7. √	8. √
9. √	10. ×	11. √	12. √
13. √	14. √	15. ×	16. √
17. ×	18. √	19. ×	20. √
21. √			

三、单项选择题

1. B	2. C	3. C	4. C
5. B	6. A	7. D	8. C
9. C	10. C	11. B	12. C
13. B	14. D	15. C	16. D
17. B	18. C	19. A	20. A
21. C	22. B	23. C	24. C
25. A	26. D	27. C	28. C

四、多项选择题

1. ABDE	2. BCDE	3. AC	4. ABCDE

5. BCDE   6. BCE   7. ABE   8. ABCDE
9. ABCE   10. ABC   11. ABCDE   12. ABCDE

五、简答题

1. 贡献毛益与销售利润有什么区别？理解贡献毛益对拓展管理思维有什么帮助？

答：贡献毛益是销售收入减变动成本后的余额，这里的"贡献"是指企业的产品或劳务对企业利润目标的实现所做的贡献。而销售利润是销售收入减全部成本后的余额。传统会计认为，只有当收入大于完全成本时，才形成贡献；成本与管理会计则认为，只要收入大于变动成本，就会形成贡献。因为固定成本总额在相关范围内并不随业务量（产销量）的增减变动而变动，所以收入减变动成本后的差额（即贡献毛益）越大，减去不变的固定成本后的余额（即利润）也就越大。也就是说，贡献毛益的大小反映了备选方案对企业利润目标所做贡献的大小。贡献毛益对理解和掌握盈亏临界点分析、盈利能力分析、经营预测和决策等都有帮助。

2. 不同生产工艺的成本有何特点？应如何进行决策？

答：一般而言，生产工艺先进时，其固定成本较高，单位变动成本较低；而生产工艺落后时，其固定成本较低，但单位变动成本较高。在固定成本和单位变动成本的消长变动组合中（体现为单位成本），产量成为最佳的判断标准。这时，只要确定不同生产工艺的成本无差别点（不同生产工艺总成本相等时的产量点），就可以根据产量确定选择何种生产工艺最为有利。

3. 如何正确进行自制还是外购的决策？

答：分析时，应先计算自制方案和外购方案的总成本，然后加以比较，择其低者。在计算自制方案和外购方案的总成本时，既要计算基本费用（如自制中的生产成本、外购中的购买价格），又要计算附属费用（如自制中的生产准备成本、储存成本等，外购中的订货成本和储存成本）。

4. 如何进行几种零部件轮换分批生产的经济批量决策？

答：如果用同一台设备轮换生产几种零部件或产品，应首先根据各种零部件或产品的年生产准备成本之和与年储存成本之和相等时年成本合计最低的原理，确定各种零部件或产品共同的最优生产批次，然后据以分别计算各种零部件或产品的经济生产批量。最优共同生产批次的计算公式如下：

$$最优共同生产批次(N^*) = \sqrt{\frac{\sum_{i=1}^{n} A_i C_i \left(1 - \dfrac{Y_i}{X_i}\right)}{2 \sum_{i=1}^{n} S_i}}$$

某种零部件的最优生产批量（经济批量）可以按下列公式计算：

$$某种零部件的经济批量=\frac{该零部件全年产量}{最优共同生产批次}=\frac{A_i}{N^*}$$

5. 根据单位变动成本分配增产任务需要注意什么问题？

答：在实际工作中，生产同一种产品的各个车间（或分厂）的成本水平是有差异的，当生产任务增加而各车间的生产能力又有剩余时，为了达到总成本最低的目的，应以单位变动成本作为判断标准，将增产任务分配给单位变动成本最低的车间。需要强调的是，不应以单位成本作为判断标准，将增产任务分配给单位成本最低的车间。因为按完全成本法计算的单位成本中包括各车间的固定成本，作为与决策无关的成本不应予以考虑，否则可能导致错误的决策。

六、计算题

1. 答：

B 产品与 A 产品的差量收入＝26×500－11×1 000＝2 000（元）
B 产品与 A 产品的差量成本＝22×500－8×1 000＝3 000（元）
B 产品与 A 产品的差量损益＝2 000－3 000＝－1 000（元）

计算结果说明生产 B 产品比生产 A 产品要损失 1 000 元，所以应选取方案 I，即生产 A 产品。

2. 答：

该企业现有剩余工时＝30 000×20％＝6 000（小时）

根据已知数据可得到表 7-7。

表 7-7　产品贡献毛益计算表

项目	生产 A 产品	生产 B 产品	生产 C 产品
最大产量（件）	6 000/2＝3 000	6 000/3＝2 000	6 000/5＝1 200
销售价格（元）	15	25	35
单位变动成本（元）	5	15	20
单位贡献毛益（元）	10	10	15
贡献毛益总额（元）	30 000	20 000	18 000
专属成本（元）	—	—	2 000
剩余贡献毛益总额（元）	—	—	16 000
单位产品定额工时（小时）	2	3	5
单位工时贡献毛益（元）	5	3.33	2.67

从计算结果可知，生产 A 产品最有利。因为：首先，A 产品的贡献毛益总额为 30 000 元，比 B 产品多 10 000 元（30 000－20 000），比 C 产品的剩余贡献毛益总额多 14 000 元（30 000－16 000）。其次，A 产品的单位工时贡献毛益为 5

元，比 B 产品多 1.67 元（5－3.33），比 C 产品多 2.33 元（5－2.67）。可见，无论是从贡献毛益总额，还是从单位工时贡献毛益来看，都是 A 产品的生产方案最优。

3. 答：

$$普通铣床的加工成本(y_1)＝90＋2.40x$$
$$万能铣床的加工成本(y_2)＝180＋1.20x$$
$$数控铣床的加工成本(y_3)＝360＋0.60x$$

普通铣床与万能铣床的成本分界点。

$$y_1＝y_2$$
$$90＋2.40x＝180＋1.20x$$
$$x_1＝75(个)$$

万能铣床与数控铣床的成本分界点。

$$y_2＝y_3$$
$$180＋1.20x＝360＋0.6x$$
$$x_2＝300(个)$$

普通铣床与数控铣床的成本分界点。

$$y_1＝y_3$$
$$90＋2.4x＝360＋0.6x$$
$$x_3＝150(个)$$

（1）当零件的批量小于 75 个时，采用普通铣床的加工成本较低；当零件批量在 75～300 个之间时，采用万能铣床的加工成本较低；当零件批量超过 300 个时，采用数控铣床加工有利。

（2）当万能铣床不能生产时，加工批量在 150 个以内，采用普通铣床较好；加工批量在 150 个以上，则采用数控铣床加工成本较低。

4. 答：

（1）将设备用于生产的机会成本为 15 000 元；将设备用于出租的机会成本为 20 000 元（50 000－30 000）。

（2）生产与出租相比，差量收入为 35 000 元，差量成本为 30 000 元，差量收益为 5 000 元，因此，应选择将设备用于生产。

5. 答：

假设 C 产品停产，各产品贡献毛益的计算见表 7－8。

表 7-8　贡献毛益分析表　　　　　　　　　　　　　　单位：元

项目	A 产品	B 产品	合计
销售收入	900 000	840 000	1 740 000
变动成本	700 000	696 000	1 396 000
贡献毛益总额	200 000	144 000	344 000
固定成本	200 000	200 000	400 000
利润	0	−56 000	−56 000

可见，由于 C 产品停产，整个企业由盈利 34 000 元变成亏损 56 000 元，因为 C 产品虽然亏损，但仍有正的贡献毛益可以弥补部分固定成本。

6. 答：

$$自制零件的成本 = 18\,000 \times (30 + 20 + 8) = 1\,044\,000（元）$$

$$外购零件的成本 = 18\,000 \times 60 = 1\,080\,000（元）$$

$$自制零件的差量收益 = 1\,080\,000 - 1\,044\,000 = 36\,000（元）$$

因此，应选择自制零件方案。

7. 答：

$$自制零件的预期成本（y_1） = 40\,000 + 58x$$

$$外购零件的预期成本（y_2） = 60x$$

当 $y_1 = y_2$ 时，$x = 20\,000$ 个。

因此，当 $x = 20\,000$ 时，$y_1 = y_2$，两个方案不分优劣。

当 $x < 20\,000$ 时，$y_1 > y_2$，外购方案较优。

当 $x > 20\,000$ 时，$y_1 < y_2$，自制方案较优。

8. 答：

$$差量收入 = 18\,000 \times 100 - 20\,000 \times 60 = 600\,000（元）$$

$$差量成本 = 18\,000 \times 78 - 20\,000 \times 42 = 564\,000（元）$$

$$新增固定费用 = 30\,000 + 22\,500 = 52\,500（元）$$

$$差量损益 = 600\,000 - 564\,000 - 52\,500 = -16\,500（元）$$

因此，应选择将半成品出售方案。

9. 答：

$$最优生产批量 = \sqrt{\frac{2 \times 3\,600 \times 200}{5}} = 537（件）$$

$$最优生产批次 = \sqrt{\frac{3\,600 \times 5}{2 \times 200}} = 6.71（批）$$

$$总成本＝\sqrt{2×3\,600×200×5}＝2\,683(元)$$

10. 答：

人力缝纫机总成本＝20\,000×52＝1\,040\,000(元)

电动缝纫机总成本＝20\,000×46.33＝926\,600(元)

差量成本＝1\,040\,000－926\,600＝－113\,400(元)

在收入不变的情况下，应选择电动缝纫机制造工艺方案。

11. 答：

(1) 单位变动成本＝80－30＝50(元/件)

单位变动成本＜订货价格

差量损益＝(70－50)×200＝4\,000(元)

因此，应接受订货。

(2) 差量损益＝4\,000－1\,000＝3\,000(元)

因此，应接受订货。

(3) 差量损益＝4\,000－5\,000＝－1\,000(元)

因此，应拒绝订货。

(4) 差量损益＝200×(70－50)＋100×(70－100)－1\,000＝0

因此，接受或拒绝订货均可。

12. 答：

(1) 根据资料计算，结果如表7-9所示。

表7-9   损益分析表   金额单位：元

项目	甲产品	乙产品	丙产品
剩余生产能力（小时）	8\,000	8\,000	8\,000
最大产量（件）	8\,000÷40＝200	400	800
销售价格	100	60	30
单位变动成本	50	30	12
单位产品贡献毛益	50	30	18
单位定额机器工时（小时）	40	20	10
单位机器工时贡献毛益	50÷40＝1.25	30÷20＝1.5	18÷10＝1.8
贡献毛益总额	1.25×8\,000＝10\,000	1.5×8\,000＝12\,000	1.8×8\,000＝14\,400

由表7-9可知，从单位贡献毛益来看，甲、乙产品的较多，但丙产品能提供的贡献毛益总额最多（为14\,400元），所以，开发丙产品较为有利。

(2) 如丙产品的年市场需求量为600件，为充分利用生产能力，首先应安排丙产品600件的生产，这时仍剩余机器工时2\,000小时（8\,000－600×10）。由于甲产品单位机器工时提供的贡献毛益是1.25，乙产品为1.5，因而剩余的机器工时应全部安排乙产品的生产，可以生产乙产品 100 件（2 000/20），这样才能使企业的贡献毛益最大，为 13 800 元（600×18＋100×30）。

13. 答：

（1）因为订单报价 170 元/台＞单位变动成本 140 元/台，所以，可以接受追加订货。

（2）根据已知资料，编制相关损益计算表，如表 7-10 所示。

表 7-10　损益计算表　　　　　　　　　　　　　　　　　　　单位：元

项目	接受追加订货	拒绝追加订货
相关收入	170×500＝85 000	0
相关成本合计	88 000	
变动成本	140×200＝28 000	
机会成本	200×300＝60 000	
相关损益	－3 000	0

因为接受追加订货方案的相关损失最大，所以，应拒绝追加订货。

（3）根据已知资料，编制相关损益计算表，如表 7-11 所示。

表 7-11　损益计算表　　　　　　　　　　　　　　　　　　　单位：元

项目	接受追加订货	拒绝追加订货
相关收入	170×500＝85 000	0
相关成本合计	77 000	
变动成本	140×500＝70 000	
专属成本	2 000	
机会成本	5 000	
相关损益	＋8 000	0

因为接受追加订货方案的相关收益最大，所以，应接受追加订货。

（4）根据已知资料，编制相关损益计算表，如表 7-12 所示。

表 7-12　损益计算表　　　　　　　　　　　　　　　　　　　单位：元

项目	接受追加订货	拒绝追加订货
相关收入	170×500＝85 000	0
相关成本合计	83 000	
变动成本	140×400＝56 000	
专属成本	3 000	
机会成本	24 000	
其中：		
冲减正常任务收入	200×100＝20 000	
设备出租可获租金	4 000	
相关损益	＋2 000	0

因为接受追加订货方案的相关收益最大，所以应接受追加订货。

📖 教材习题解析

一、思考题

1. 运用贡献毛益分析法进行备选方案的择优决策时，应注意哪些问题？

答：贡献毛益分析法是按贡献毛益总额最大的择优标准进行备选方案的决策的，因为贡献毛益总额大反映了备选方案对企业利润目标所做的贡献大。

贡献毛益分析法适用于收入成本型（收益型）方案的择优决策，尤其适用于多个方案的择优决策。在运用贡献毛益分析法进行备选方案的择优决策时，应注意以下几点：

（1）在不存在专属成本的情况下，比较不同备选方案的贡献毛益总额。

（2）在存在专属成本的情况下，首先计算备选方案的剩余贡献毛益总额（贡献毛益总额减专属成本后的余额），然后比较不同备选方案的剩余贡献毛益（或贡献毛益）总额。

（3）在企业的某项资源（如原材料、人工工时、机器工时等）受到限制的情况下，计算、比较各备选方案的单位资源贡献毛益。

（4）由于贡献毛益总额的大小既取决于单位产品贡献毛益的大小，也取决于该产品的销售量，因此，应选择贡献毛益总额最大的方案。

2. 差量分析法的决策依据是什么？

答：差量分析法是指当两个备选方案具有不同的预期收入和预期成本时，根据这两个备选方案间的差量收入、差量成本计算的差量损益进行最优方案选择的分析方法。差量损益是指差量收入与差量成本的数量差异。当差量损益确定后，就可以进行方案的选择：如果差量损益为正（即为差量收益），说明比较方案可取；如果差量损益为负（即为差量损失），说明被比较方案可取。

3. 亏损产品停产或转产的基本标准是什么？亏损产品的决策应注意哪些问题？

答：对于亏损产品绝不能简单地予以停产，必须综合考虑企业的经营状况、生产能力的利用及有关因素的影响，采用变动成本法进行分析后，做出停产、继续生产、转产或出租等最优选择。判断的基本标准为：

（1）如果亏损产品能够提供贡献毛益，弥补一部分固定成本，除特殊情况外（如存在更加有利可图的机会），一般不应停产。但如果亏损产品不能提供贡献毛益，通常应考虑停产。

（2）亏损产品能够提供贡献毛益，也不意味该亏损产品一定要继续生产：如果存在更加有利可图的机会（如转产其他产品或将停止亏损产品生产而腾出的固定资产出租），能够使企业获得更大的贡献毛益，那么该亏损产品应停产。

（3）在生产、销售条件允许的情况下，大力发展能够提供贡献毛益的亏损产品，也会扭亏为盈，并使企业的利润大大增加。

（4）对不提供贡献毛益的亏损产品，不能不加区别地予以停产。首先，应在努力降低成本上做文章，以期转亏为盈；其次，应在市场允许的范围内通过适当提高售价来扭亏为盈；最后，应考虑企业的产品结构和社会效益的需要。

4. 零部件自制或外购决策需要考虑哪些因素？通常采用什么方法进行决策？

答：零配件是自制还是外购的决策通常只需要考虑自制方案和外购方案的成本高低，在质量相同并保证及时供货的情况下，就低不就高。

影响自制还是外购的因素很多，因而所采用的决策分析方法也不尽相同，但一般采用增量成本（实行某方案而增加的成本）分析法或成本无差别点分析法。

5. 什么是成本无差别点分析法？它适用于哪些方面的决策？

答：成本无差别点是指在该业务量水平上两个不同方案的总成本相等，但当高于或低于该业务量水平时不同方案就具有了不同的业务量优势区域。利用不同方案的不同业务量优势区域进行最优方案选择的方法，称为成本无差别点分析法。

决策的判断标准是：（1）若业务量大于成本无差别点 X_0，则固定成本较高的 A 方案优于 B 方案；（2）若业务量小于成本无差别点 X_0，则固定成本较低的 B 方案优于 A 方案；（3）若业务量恰好等于成本无差别点 X_0，则两方案的成本相等，效益无差别。

成本无差别点分析法通常应用于业务量不确定的零部件取得方式的决策和生产工艺技术方案的决策。

6. 半成品销售与进一步加工是如何决策的？

答：产品作为半成品出售，其售价和成本都低于进一步加工后作为产成品出售的售价和成本。是否进一步加工，可按下列公式计算、确定。

（1）应进一步加工的条件：进一步加工后的销售收入－半成品的销售收入＞进一步加工后的成本－半成品的成本。（2）应出售半成品的条件：进一步加工后的销售收入－半成品的销售收入＜进一步加工后的成本－半成品的成本。在上述计算中，左边是差量收入，右边是差量成本。另外，进一步加工后的成本包括追加的变动成本和专属固定成本。

二、练习题

1. 答：

由甲公司可利用生产能力和 A、B 产品单位耗用工时的资料可知：

A 产品的产量＝26 000÷20＝1 300（件）

B 产品的产量＝26 000÷16＝1 625（件）

A 产品的贡献毛益＝（88－65）×1 300＝29 900（元）

B产品的贡献毛益＝(75－60)×1 625＝24 375(元)

由此可见，甲公司应生产A产品，可使公司多获利润5 525元（29 900－24 375）。

2. 答：

(1) 如果不考虑外加工收入。

自制单位成本＝45＋20＋13＝78(元)

外购单位成本＝90(元)

自制单位成本78元小于外购单位成本90元，应自制。

(2) 如果外购且考虑外加工收入。

外购成本多支出＝(90－78)×18 000－9 000

＝216 000－9 000＝207 000(元)

此时，仍应自制。自制可为企业增加利润207 000元。

3. 答：

(1) 最优生产批量＝$\sqrt{\dfrac{2\times3\,600\times200}{3.2\times\left(1-\dfrac{80}{100}\right)}}$＝1 500(件)

(2) 最低年成本合计＝$\sqrt{2\times3\,600\times200\times3.2\times\left(1-\dfrac{80}{100}\right)}$＝960(元)

4. 答：

(1) 由于甲产品的贡献毛益为6 000元，减去酌量性固定成本（即专属固定成本）2 000元，剩余贡献毛益为4 000元。因此，在剩余生产能力无法转作他用时，继续生产甲产品比停产可多获利4 000元。

(2) 剩余生产能力可以对外出租时，继续生产甲产品的利润4 000元小于对外出租的租金收入5 000元，继续生产甲产品比出租减少利润1 000元。应该对外出租。

5. 答：

(1) 接受该批订货的贡献毛益＝(320－300)×24 000－100 000＝380 000(元)

(2) 接受该批订货的贡献毛益＝(320－300)×24 000－250 000＝230 000(元)

(3) 接受该批订货的贡献毛益＝(320－300)×26 000－(650－300)×2 000

＝－180 000(元)

因此，应在第一、二种情况下接受该批订货，第三种情况下拒绝该批订货。

6. 答：

(1) 明尼唐公司自制和外购绲边的单位产品成本计算如表7－13、表7－14所示。

表 7 - 13　自制单位产品成本　　　　　　单位：美元

直接人工	35	35
直接材料	30	30
间接费用总额 其中：固定成本 　　　变动成本	15 125 000，12.5 25 000，2.5	2.5
合计	80	67.5

　　由于现有的生产能力可以利用，生产滑雪板无须发生额外的固定成本，表 7-13 中的固定成本 125 000 美元与决策无关，不予考虑。因此，自制单位产品成本为 67.5 美元。

表 7 - 14　外购单位产品成本　　　　　　单位：美元

直接人工	35×(1-10%)	31.5
直接材料	30×(1-20%)	24
绲边价格	10.5	10.5
间接费用总额 其中：固定成本 　　　变动成本	15 125 000，12.5 25 000，2.5×(1-10%)	2.25
合计	80	68.25

　　因此，购买绲边的单位产品成本为 68.25 美元。

　　显然，自制有利。

　　(2) 可承受的最高购买价格计算如下：

$$10 000×(最高价格+30×80\%+37.5×90\%)=675 000$$

$$最高价格=9.75(美元)$$

　　明尼唐公司对绲边可承受的最高购买价格为 9.75 美元。

　　(3) 明尼唐公司需用 12 500 副绲边时自制单位产品成本如表 7-15 所示。

表 7 - 15　自制单位产品成本　　　　　　单位：美元

直接人工	35	35
直接材料	30	30
增量成本 间接费用总额 其中：固定成本 　　　变动成本	10 000 15 125 000，12.5 25 000，2.5	0.8 2.5
合计	80	68.3

　　由于生产 12 500 副绲边时的自制单位产品成本为 68.3 美元，大于购买绲边的单位产品成本 68.25 美元，因此应该购买绲边。

（4）明尼唐公司选择既自制又外购。

$$(80-68.25)X=(80-67.5)X-10\,000$$

$$11.75X=12.5X-10\,000$$

$$X=13\,334$$

或

$$(35+30+2.5)X+10\,000=(10.5+30\times80\%+35\times90\%+2.25)X$$

$$X=13\,334$$

销售量小于 13 334 副时，应该购买绳边；销售量大于 13 334 副时，应该自制绳边。

（5）购买绳边时的质量稳定性及供应商供货的及时性是明尼唐公司应该考虑的非定量因素。

C 第 8 章
Chapter 8　存货成本与存货管理

学习目标

本章主要帮助学习者了解存货相关成本与存货规划决策的关系，掌握经济订货批量模型的计算和应用，最终在将使用价值管理与价值管理的结合运用中解决存货最优规划问题。

学习指导

1. 学习重点

（1）了解存货的功能，端正存货规划的目的（并不在于简单减少存货、降低存货成本，而是在满足生产经营需要的同时减少存货、降低存货成本）。

（2）在掌握与存货决策相关的成本构成及其特性的基础上，熟练掌握经济订货批量的基本模型及其扩展应用。

（3）了解适时制生产对存货周转期管理的影响，从使用价值管理与价值管理的结合层面寻找减少存货、缩短存货周转期并最终降低存货成本的路径和方法。

2. 学习难点

（1）在实际工作中，存货相关成本数据的分离、确认与计量。

（2）经济订货批量基本模型扩展应用中的特定概念及其应用。

（3）根据适时制生产的要求，正确理解存货规划的目的，并掌握缩短存货周转期、降低存货成本的相应对策。

☐ 练习题

一、名词解释

1. 存货
2. 采购成本
3. 订货成本
4. 储存成本
5. 安全存货
6. 经济订货批量
7. 库存耗竭成本
8. 再订货点
9. 存货周转期
10. 适时制生产

二、判断题

1. 缺货成本大多属于机会成本，由于单位缺货成本计算困难，因此在进行决策时，不用估算单位缺货成本。　　　　　　　　　　　　　　　　（　　）

2. 接货人员的工资及仓库租金并不随购入量、储存量或订单数的变动而变动，属于固定订货成本或固定储存成本，与决策无关。　　　　　　（　　）

3. 在有数量折扣的存货决策中，订货成本、储存成本是相关成本，而采购成本则与决策无关。　　　　　　　　　　　　　　　　　　　　　（　　）

4. 安全库存量的上限实际是按照交货期最长和每日耗用量最大这两种不正常现象同时发生为基础计算的。　　　　　　　　　　　　　　　　（　　）

5. 一般来讲，当库存存货量降到采购间隔期的耗用量加上安全库存量的总和时，就应再次订购货物。　　　　　　　　　　　　　　　　　　（　　）

6. 装卸费用既是随购入数量变动的成本项目，又是发出一次订单而发生的成本。　　　　　　　　　　　　　　　　　　　　　　　　　　　（　　）

7. 运输费用随存货数量变动而变动。　　　　　　　　　　　　（　　）

8. 购买者可以利用数量折扣，取得较低商品价格、较低运输费、较低年订购费用，使得从大批量订购中得到的节约部分可能超过抵偿增支的储存成本。

　　　　　　　　　　　　　　　　　　　　　　　　　　　　（　　）

9. 库存耗竭成本是一项储存成本。　　　　　　　　　　　　　（　　）

10. 采购成本属于相关成本。　　　　　　　　　　　　　　　　（　　）

11. 仓库保管人员的工资与储存成本相关。　　　　　　　　　　（　　）

12. 在某种存货全年需求量已定的情况下，降低订货批量，必然增加订货批次。　　　　　　　　　　　　　　　　　　　　　　　　　　　（　　）

13. 当储存量含有约束性因素时，可通过租用新的库房、建造新仓库等来增加储存量，以达到最佳储存量的要求。　　　　　　　　　　　　　（　　）

14. 安全库存量的储存成本等于安全库存量乘以存货的单位储存成本。

　　　　　　　　　　　　　　　　　　　　　　　　　　　　（　　）

15. 在允许缺货的情况下，缺货成本是与决策无关的成本。　　（　　）

16. 适时制存货管理法的目的是消灭存货，以达到成本最低。 （　　）

17. 所有存货的采购成本都是决策无关成本。 （　　）

18. 经济订货批量的确定与再订货点无关。 （　　）

三、单项选择题

1. 下列各项中与再订货点无关的是（　　）。

A. 经济订货批量　　　　　　　B. 日耗用量

C. 交货日数　　　　　　　　　D. 保险储备量

2. 下列各项中与经济订货批量无关的是（　　）。

A. 每日消耗量　　　　　　　　B. 每日供应量

C. 储存变动成本　　　　　　　D. 订货提前期

3. 下列各项中不属于订货成本的是（　　）。

A. 采购部门的折旧费　　　　　B. 检验费

C. 按存货价值计算的保险费　　D. 差旅费

4. 某公司使用材料 A，单位成本为 50 元，每次订货成本为 2 000 元，经济订货批量为 2 000 个，资金成本为 10%，全年用量为 8 000 个。该材料单位储存成本中的付现成本是（　　）元。

A. 8　　　　　　B. 5　　　　　　C. 4　　　　　　D. 2

5. 数量折扣被视为机会成本时是指放弃可获得的最大订货量折扣而形成的机会成本，等于（　　）。

A. 最大订货量折扣

B. 该公司拟选订购政策的折扣

C. 最大订货量折扣与该公司拟选订购政策的折扣之间的差额

D. 最大订货量折扣与该公司拟选订购政策的折扣之和

6. 某公司需用 A 零件，每件 60 元，供应商为扩大销售规模，订购 0～1 999 件时，每件折扣为 1 元，订购 2 000 件以上时，每件折扣为 2 元。订购 1 800 件时，每件折扣净额是（　　）元。

A. 59　　　　　　B. 58　　　　　　C. 60　　　　　　D. 57

7. 某种商品的再订货点为 680 件，安全库存量为 200 件，采购间隔日数为 12 天，假设每年有 300 个工作日，则年度耗用量是（　　）件。

A. 11 000　　　　B. 10 000　　　　C. 12 000　　　　D. 13 000

8. 下列各项中不属于储存成本的是（　　）。

A. 企业自设仓库的水电费、空调费

B. 按存货价值计算的保险费

C. 陈旧报废损失

D. 采购人员的检验费

9. 由于存货数量不能及时满足生产和销售的需要而给企业带来的损失称为（　　）。

A. 储存成本　　　　　　　　　　B. 缺货成本

C. 采购成本　　　　　　　　　　D. 订货成本

10. 储存成本中，凡总额大小取决于存货数量的多少及储存时间长短的成本，称为（　　）。

A. 固定储存成本　　　　　　　　B. 无关成本

C. 变动储存成本　　　　　　　　D. 资金成本

11. 首先从产品装配出发，每道工序和每个车间按照当时的需要向前一道工序和车间提出要求，发出工作指令，前面的工序和车间完全按这些指令进行生产的方式称为（　　）。

A. 推动式生产系统　　　　　　　B. 拉动式生产系统

C. 预算模式　　　　　　　　　　D. 看板生产模式

12. 为避免延迟到货、生产速度加快及其他情况的发生，满足生产、销售需要的存货量称为（　　）。

A. 安全存货　　　　　　　　　　B. 营运存货

C. 超额存货　　　　　　　　　　D. 经营存货

13. 下列成本中属于决策无关成本的是（　　）。

A. 订货成本　　　　　　　　　　B. 固定订货成本

C. 变动订货成本　　　　　　　　D. 变动储存成本

四、多项选择题

1. 存货对制造业绝大部分企业来说是必需的，因为（　　）。

A. 保证企业不间断的生产对原材料等的需要，应有一定的储存量

B. 满足产品销售批量化、经常化的需要，应有足够的半成品、产成品储存量

C. 保证企业均衡生产并降低生产成本，应有一定的储存量

D. 避免或减少经营中可能出现的失误和意外事故对企业造成的损失，应有一定的储存量

E. 零购物资价格较高，整批购买价格有优惠，出于价格考虑，应有一定的储存量

2. 企业为控制存货缺货成本，采取的方法主要有（　　）。

A. 提前订货　　　　　　　　　　B. 按经济订货批量采购

C. 设置保险储备　　　　　　　　D. 供应与耗用保持一致

E. 增加每日送达存货的数量

3. 计算经济订货批量时，不需用（　　）项目。

A. 全年需要量　　　　　　　　　B. 储存成本率

C. 单位存货年储存成本　　　　　D. 平均储存量

E. 每次订货成本

4. 下列各项中属于缺货成本的有（　　　）。

A. 停工期间的固定成本　　　　　B. 因停工待料发生的损失

C. 无法按期交货而支付的罚款　　D. 停工期间的人员工资

E. 因采取应急措施补足存货而发生的超额费用

5. 在为存货模型选择数据时，应观察所掌握的每一项成本是否随（　　　）的变化而变化。

A. 缺货数量　　　　　　　　　　B. 存货数量

C. 购入数量　　　　　　　　　　D. 一年内发出的订单数

E. 全年需要量

6. 库存耗竭的发生会导致（　　　）。

A. 专程派人采购材料　　　　　　B. 停产等待新的材料运达

C. 失去顾客　　　　　　　　　　D. 经济损失

E. 增加平时储存量

7. 库存耗竭成本包括（　　　）。

A. 备选供应来源的成本　　　　　B. 失去顾客的成本

C. 失去商业信誉的成本　　　　　D. 库存耗竭期内停产的成本

E. 缺货成本

8. 某企业年需要 A 材料 20 000 千克，单价 1 000 元/千克，一次订货成本为 40 元，年储存成本率为 1%，则其经济订货批量、经济订货批次为（　　　）。

A. 经济订货批量 400 千克　　　　B. 经济订货批量 40 000 千克

C. 经济订货批次 50 次　　　　　　D. 经济订货批次 6 次

E. 经济订货批量 4 000 千克，经济订货批次 5 次

9. 订货成本、储存成本中的固定部分和变动部分，可依据历史成本资料，采用（　　　）进行分解。

A. 高低点法　　　　　　　　　　B. 散布图法

C. 最小二乘法　　　　　　　　　D. 约当产量法

E. 因素分析法

10. 存货过多会导致（　　　）。

A. 占用大量的流动资金

B. 增加仓库设施，扩大仓库容量

C. 增加管理费用，提高产品成本

D. 易形成自然损耗

E. 增加储存成本

11. 安全库存量的确定方法主要有（　　）。

A. 经验法　　　　　　　　　　B. 作业成本计算法

C. 成本法　　　　　　　　　　D. 不连续的概率法

E. 差量法

12. 在存货决策中，通常需要考虑的成本有（　　）。

A. 采购成本　　　　　　　　　B. 订货成本

C. 储存成本　　　　　　　　　D. 缺货成本

E. 沉没成本

13. 在有数量折扣的情况下，属于订货批量决策中的相关成本的有（　　）。

A. 订货成本　　　　　　　　　B. 储存成本

C. 采购成本　　　　　　　　　D. 缺货成本

E. 生产成本

五、简答题

1. 经济订货批量确认的基本原理是什么？

2. 你认为经济订货批量决策的关键问题是什么？

3. 储存成本包括付现成本，为什么不包括非付现成本（即沉没成本）？

4. 在储存量受限制的情况下，如何才能做出正确的决策？

5. 在有数量折扣的决策中，相关成本包括哪些？如何进行最优化决策？

6. 制定最佳安全库存量政策必须考虑的成本是什么？

7. 在适时制生产模式下，企业应制定何种材料采购策略？

8. 经济订货批量决策与零存货管理是否矛盾？为什么？

六、计算题

1. 某公司的会计资料如下：

购买价格	每单位	5元
外部运费	每单位	0.5元
电话订货费	每次	50元
外部装卸费	每单位	0.5元
存货保险	每年按存货价值的10%计算	
内部运费（材料运到公司的自营费用）		200元
仓储人员的工资	每月	600元
仓库租金	每月	1 000元
仓储年平均损失	每单位	1.10元
资金成本	每年	15%
每月处理的订单份数		500份

上述数据中，有的与决策相关，有的与决策无关，该材料年需求总量为

5 000 单位。

　　要求：计算每次订货成本、单位材料年储存成本、经济订货批量、最低年成本合计。

　　2. 某供应商销售甲材料时，由于运输原因，只接受 300 件整数批量的订单（如 300 件、600 件、900 件等），不接受非 300 件整数倍批量的订单（如 500 件）。某公司全年需用量为 2 000 件，每次订货成本为 120 元，每件年储存成本为 3 元。

　　要求：

　　（1）计算不考虑订单限制时的经济订货批量。

　　（2）计算最佳订货量。

　　3. 某厂需从青岛购进 102 橡胶帆布 750 吨，每次订货成本为 50 元（不包括铁路运输费），每吨单价为 6 250 元，储存费用率为 12%。

　　该厂距青岛 2 000 千米，若通过铁路整车发货，则每吨运输费为 31.4 元；若作为零担发货，则每吨为 124.5 元。按铁路运输规定，不足 30 吨的货物均作零担处理。

　　现制定出不同的订货批量，如表 8 - 1 所示。

表 8 - 1　不同订货次数时的订货批量

全年订货次数	150	75	50	25	15	10
每次订货批量（吨）	5	10	15	30	50	75

　　管理人员甲运用经济订货批量模型，通过计算，认为每次订货批量应为 10 吨，而管理人员乙却持有不同意见。

　　要求：在不考虑铁路运输费对储存费用影响的前提下，提出你的意见。

　　4. 某厂每年使用 A 材料 8 000 千克，单位成本为 60 元，该材料储存成本中付现成本为每千克 4 元，该厂的资金成本为 20%，每次订货成本为 1 000 元。

　　要求：计算其经济订货批量、经济订货批次和最低年成本合计。

　　5. 某公司全年需要某种商品 500 000 元，每次订货成本为 1 500 元，单位商品年储存成本为 0.15 元。

　　要求：计算其经济订货批额、经济订货批次和最低年成本合计。

　　6. 某企业生产甲产品，全年需要 A 材料 20 000 千克，每日送货量为 100 千克，每日消耗量为 90 千克，每次订货成本为 200 元，每千克 A 材料年储存成本为 5 元。

　　要求：计算其经济订货批量和年成本合计。

　　7. 某企业全年需用 A 零件 2 000 个，每个零件年储存成本为 0.5 元，每次订货成本为 61.25 元。供应商规定，每次订货量不足 800 个时，单价为 50 元；每次订货量达到800个时，可获得3%的价格优惠。

要求：对是否应考虑按数量折扣购买做出决策。

8. 某公司全年需用A零件30 000件，每次订货成本为1 000元，每件年储存成本为6元，零售价每件60元，资金成本为15%。供应商为扩大销售，现规定数量折扣如表8-2所示。

表8-2 数量折扣表

订购量（件）	折扣（元/件）
0~1 999	无折扣
2 000~4 999	1.00
5 000~9 999	1.50
10 000以上	2.50

要求：

（1）计算不考虑数量折扣时的经济订货批量。

（2）计算最佳订货量。

9. 某公司每年需要A材料250 000千克，每次订货成本为1 080元，每千克年储存成本为0.6元。该公司目前仓库最大储存量为25 000千克。考虑到业务发展需要，已与其他单位达成意向租用一间可储存20 000千克A材料的仓库，年租金约为3 500元。

要求：进行最优储存的决策。

10. 某种产品的安全库存量为500件，采购间隔期为10天，年度耗用总量为12 000件，假设每年有300个工作日。

要求：计算该商品的再订货点。

练习题参考答案

一、名词解释

1. 存货，是指企业为销售或耗用而储存的各种资产。在制造企业中，存货通常包括原材料、委托加工材料、包装物、低值易耗品、在产品、产成品等。

2. 采购成本，是指由购买存货而发生的买价（购买价格或发票价格）和运杂费（运输费用和装卸费用等）构成的成本，其总额取决于采购数量和单位采购成本。

3. 订货成本，是指为订购货物而发生的各种成本，包括采购人员的工资、采购部门的一般性费用（如办公费、水电费、折旧费、取暖费等）和采购业务费（如差旅费、邮电费、检验费等）。订货成本可以分为固定订货成本和变动订货成本。

4. 储存成本，是指为储存存货而发生的各种费用，通常包括两大类：一是付现成本，包括支付给储运公司的仓储费、按存货价值计算的保险费、陈旧报废损失、年度检查费用以及企业自设仓库发生的所有费用；二是资金成本，即存货占用资金而损失的机会成本。

5. 安全存货，是指为避免延迟到货、生产速度加快及其他情况发生，满足生产、销售需要的存货量。

6. 经济订货批量，是指使存货的储存成本和订货成本合计数达到最低时的订货批量。

7. 库存耗竭成本，通常指备选供应来源的成本、失去顾客或商业信誉的成本、库存耗竭期内停产的成本等。库存耗竭成本作为年度预期值，等于某项库存耗竭成本乘以每年安排的订货次数乘以一次订货的库存耗竭概率。

8. 再订货点，是指为保证生产和销售活动的连续性，企业应在存货用完或售完之前再一次订货，订购下一批货物的存货存量。

9. 存货周转期，是指存货周转一次所需要的时间，具体是指从购买存货、支付货款开始到卖出存货、形成应收账款为止的整个期间。

10. 适时制生产，是指产品按顾客要求的时间交货，材料或部件按生产需要的时间送达，从而产生的适应时间要求的敏捷制造。

二、判断题

1. ×	2. √	3. ×	4. √
5. √	6. √	7. ×	8. √
9. ×	10. ×	11. √	12. √
13. √	14. √	15. ×	16. √
17. ×	18. √		

三、单项选择题

1. A	2. D	3. C	4. B
5. C	6. A	7. C	8. D
9. B	10. C	11. B	12. A
13. B			

四、多项选择题

1. ABCDE	2. AC	3. BD	4. ABCE
5. BCDE	6. ABCD	7. ABCD	8. AC
9. ABC	10. ABCDE	11. AD	12. ABCD
13. ABCD			

五、简答题

1. 经济订货批量确认的基本原理是什么？

答：在某种存货全年需要量已定的情况下，降低订货批量，必然增加订货批次。所以在确定经济订货批量时必须考虑以下两类因素：第一类，使存货的储存成本（变动储存成本）随平均储存量的下降而下降；第二类，使订货成本（变动订货成本）随订货批次的增加而增加。反之，减少订货批次必然要增加订货批量，在减少订货成本的同时，储存成本将会增加。可见，存货决策的目的就是确定使这两种成本合计数最低时的订货批量，即经济订货批量。

在确定经济订货批量时，为了找到使总成本最低的点，必须利用对存货总成本函数求一阶导数的方法，能使一阶导数为零的订货批量就是最小值点，即经济订货批量。

2. 你认为经济订货批量决策的关键问题是什么？

答：在经济订货批量确认中，关键是选择并确定与决策相关的成本。在为存货模型选择数据时，应观察所掌握的每一项成本是否随下列项目的变化而变化：(1) 存货的数量；(2) 购入的数量；(3) 一年内发出的订单数。

3. 储存成本包括付现成本，为什么不包括非付现成本（即沉没成本)?

答：沉没成本是指由于过去的决策已经发生的，而不能由现在或将来的任何决策改变的成本，因此沉没成本属于存货决策的无关成本。

4. 在储存量受限制的情况下，如何才能做出正确的决策？

答：在储存量受限制的情况下，企业可以通过某些方法（如租赁新的库房、建造新的仓库等）来增加储存量，以达到最佳储存量（经济订货批量）的要求。但是企业还必须考虑以下两项成本以做出正确决策：第一，由于增加储存量而增加的成本，如仓库的租金或建造费用；第二，由于增加储存量而节约的储存成本与订货成本。

5. 在有数量折扣的决策中，相关成本包括哪些？如何进行最优化决策？

答：在有数量折扣的决策中，订货成本、储存成本以及采购成本都是订货批量决策中的相关成本，这时，上述三种成本的年成本合计最低的方案，才是最优方案。

6. 制定最佳安全库存量政策必须考虑的成本是什么？

答：制定最佳安全库存量政策必须考虑以下两项成本：(1) 安全库存量的储存成本；(2) 库存耗竭成本。

7. 在适时制生产模式下，企业应制定何种材料采购策略？

答：在适时制生产模式下，既要求企业持有尽可能低水平的存货，只在需要的时间购进需要的材料，又不允许企业因原材料供应中断影响到生产正常进行。这就对企业的采购部门提出了很高的要求：一是材料供应的及时性；二是采购的原材料在质量上必须有保证。为解决这一问题，企业和供货商之间应建立一种全新的利益伙伴关系。建立这种关系的原则为：（1）在原材料采购上，只与有限数量、比较了解的供货商发展长期合作关系。（2）在选择供货商时既要考虑其供货的价格，也要考虑其服务的质量（即供货商能否在企业临时提出需求时快速交货）和材料质量。（3）在可能的情况下，建立生产组织直接向经批准的供货商订购生产所需原材料的流程。（4）供货商将货物直接送至生产场所。（5）为达到缩减材料存货的效果，企业和供货商都需要付出努力。

8. 经济订货批量决策与零存货管理是否矛盾？为什么？

答：两者并不矛盾。因为存货管理的目的是在满足生产经营需要的基础上不断降低存货成本。虽然从理论上讲存货的存在是一种资源的浪费，适时制生产为实现零存货管理设计了各种措施，但真正实现零存货是不可能的。库存无处不在，也是不可避免的，其存在有利于企业生产经营活动的正常进行。因此，零存货在本质上可以说是一种思想。企业一方面应不断改善经营管理，为最终实现零库存而奋斗；另一方面应面对现实，利用经济订货批量模型使存货维持在某一特定的水平上，做到浪费最少而又能保证生产经营的正常进行。

六、计算题

1. 答：

随存货数量变动的成本项目有：

存货保险	0.5 元
仓储年平均损失	1.1 元
合计	1.6 元

随购入数量变动的成本项目有：

购买价格	5 元
外部运费	0.5 元
装卸费	0.5 元
合计	6 元

发出一次订单而发生的成本有：

电话订货费	50 元
内部运费	200 元
合计	250 元

每次订货成本 $= 50 + 200 = 250$（元）

单位材料年储存成本 $= 0.5 + 1.1 + (6 \times 15\%) = 2.5$（元）

经济订货批量 $= \sqrt{\dfrac{2 \times 5\,000 \times 250}{2.5}} = 1\,000$（单位）

$$最低年成本合计=\sqrt{2\times5\,000\times250\times2.5}=2\,500(元)$$

2. 答：

（1）不考虑订单限制时的经济订货批量。

$$Q^*=\sqrt{\frac{2\times2\,000\times120}{3}}=400(件)$$

（2）订购300件时的年度总成本。

$$储存成本=\frac{300}{2}\times3=450(元)$$

$$订货成本=\frac{2\,000}{300}\times120=800(元)$$

$$年成本合计=450+800=1\,250(元)$$

（3）订购600件时的年度总成本。

$$储存成本=\frac{600}{2}\times3=900(元)$$

$$订货成本=\frac{2\,000}{600}\times120=400(元)$$

$$年成本合计=900+400=1\,300(元)$$

由于订购300件时的年度总成本低于订购600件时的年度总成本，因此订货批量受限时的最佳决策是每次订购300件。

3. 答：

不同订货批量下的总费用的计算结果如表8-3所示。

表8-3　不同订货批量下的费用计算表

订货批量（吨）	5	10	15	30	50	75
年订货与储存成本（元）	9 375	7 500	8 125	12 500	19 500	28 625
铁路运输方式	零担			整车		
每吨运费（元）	124.50			31.40		
全年运费（元）	93 375			23 550	51 480	37 515
总费用（元）	102 750	100 875	101 500	36 050	70 980	66 140

由此可见，订货批量为30吨时，总费用最小，所以每次订货批量应为30吨。

4. 答：

$$单位储存成本=4+60\times20\%=16(元)$$

$$经济订货批量=\sqrt{\frac{2\times 8\,000\times 1\,000}{16}}=1\,000(千克)$$

$$经济订货批次=\sqrt{\frac{8\,000\times 16}{2\times 1\,000}}=8(次)$$

$$最低年成本合计=\sqrt{2\times 8\,000\times 1\,000\times 16}=16\,000(元)$$

5. 答：

$$经济订货批额=\sqrt{\frac{2\times 500\,000\times 1\,500}{0.15}}=100\,000(元)$$

$$经济订货批次=\sqrt{\frac{500\,000\times 0.15}{2\times 1\,500}}=5(次)$$

$$最低年成本合计=\sqrt{2\times 500\,000\times 1\,500\times 0.15}=15\,000(元)$$

6. 答：

$$经济订货批量=\sqrt{\frac{2\times 20\,000\times 200}{5\times(1-90/100)}}=4\,000(千克)$$

上述计算结果表明，在材料陆续到达、陆续耗用的条件下，其经济订货批量为 4 000 千克，此时，年成本合计为：

$$T^{*}=\sqrt{2\times 20\,000\times 200\times 5\times\left(1-\frac{90}{100}\right)}=2\,000(元)$$

7. 答：

(1) 没有数量折扣时的经济订货批量。

$$Q^{*}=\sqrt{\frac{2\times 2\,000\times 61.25}{0.5}}=700(个)$$

(2) 不考虑数量折扣时的年成本合计。

$$采购成本=2\,000\times 50=100\,000(元)$$

$$订货成本=\frac{2\,000}{700}\times 61.25=175(元)$$

$$储存成本=\frac{700}{2}\times 0.5=175(元)$$

$$年成本合计=100\,000+175+175=100\,350(元)$$

(3) 考虑数量折扣时的年成本合计。

$$采购成本=2\,000\times 50\times(1-3\%)=97\,000(元)$$

$$订货成本=\frac{2\,000}{800}\times 61.25=153.13(元)$$

$$储存成本=\frac{800}{2}\times 0.5=200(元)$$

$$年成本合计=97\,000+153.13+200=97\,353.13(元)$$

比较（2）和（3）的结果可知，接受数量折扣可使存货成本降低 2 996.87 元（100 350－97 353.13），因此应选择接受有数量折扣的方案。

8. 答：

（1）没有数量折扣时的经济订货批量。

$$Q^*=\sqrt{\frac{2\times 30\,000\times 1\,000}{6+60\times 15\%}}=2\,000(件)$$

可见，没有数量折扣时，该公司最佳订货量为 2 000 件，或是折扣区间的临界值 5 000 件、10 000 件。

（2）不同订货量下年成本合计的计算如下：

1）2 000 件时的年成本合计（59 元为该水平的折扣净额）。

$$订货成本=\frac{30\,000}{2\,000}\times 1\,000=15\,000(元)$$

$$储存成本=\frac{2\,000}{2}\times(6+59\times 15\%)=14\,850(元)$$

$$放弃折扣=30\,000\times(2.5-1)=45\,000(元)$$

$$年成本合计=15\,000+14\,850+45\,000=74\,850(元)$$

2）5 000 件时的年成本合计（58.5 元为该水平的折扣净额）。

$$订货成本=\frac{30\,000}{5\,000}\times 1\,000=6\,000(元)$$

$$储存成本=\frac{5\,000}{2}\times(6+58.5\times 15\%)=36\,937.5(元)$$

$$放弃折扣=30\,000\times(2.5-1.5)=30\,000(元)$$

$$年成本合计=36\,937.5+6\,000+30\,000=72\,937.5(元)$$

3）10 000 件时的年成本合计（57.5 元为该水平的折扣净额）。

$$订货成本=\frac{30\,000}{10\,000}\times 1\,000=3\,000(元)$$

$$储存成本=\frac{10\,000}{2}\times(6+57.5\times 15\%)=73\,125(元)$$

$$放弃折扣=30\,000\times(2.5-2.5)=0$$

$$年成本合计=3\,000+73\,125=76\,125(元)$$

由上述计算可知，订货量为 5 000 件时，成本总额最低，所以，最佳订货量为 5 000 件。

9. 答：

（1）没有任何限制时的经济订货批量。

$$Q^* = \sqrt{\frac{2 \times 250\,000 \times 1\,080}{0.6}} = 30\,000（千克）$$

$$T^* = \sqrt{2 \times 250\,000 \times 1\,080 \times 0.6} = 18\,000（元）$$

（2）一次订购 25 000 千克时。

$$订货成本 = \frac{250\,000}{25\,000} \times 1\,080 = 10\,800（元）$$

$$储存成本 = \frac{25\,000}{2} \times 0.6 = 7\,500（元）$$

$$年成本合计 = 7\,500 + 10\,800 = 18\,300（元）$$

（3）由于仓库最大存储量只有 25 000 千克，小于经济订货批量，因此应在扩大仓储量以满足经济订货批量和按目前最大储存量订购两种方案之间做出抉择。扩大仓储量，按经济订货批量订购，需增加仓库租金 3 500 元，但其他各项成本仅比一次订货 25 000 千克节约 300 元。因此，不应增加仓储，而应按 25 000千克的批量分批订货。

10. 答：

$$再订货点 = \frac{12\,000}{300} \times 10 + 500 = 900（件）$$

教材习题解析

一、思考题

1. 影响存货决策的成本有哪些？它们是如何影响决策的？

答：存货决策的目的在于既满足企业生产经营的需要，又能在不同情况下使相关成本总额最低。而存货的相关成本是企业存货决策的主要考虑因素，包括采购成本、订货成本、储存成本和缺货成本。

采购成本是指由购买存货而发生的买价（购买价格或发票价格）和运杂费（运输费用和装卸费用等）构成的成本，其总额取决于采购数量和单位采购成本。

由于单位采购成本一般不随采购数量的变动而变动，因此，在采购批量决策中，存货的采购成本通常属于无关成本，但当供应商为扩大销售而采用数量折扣等优惠方法时，采购成本就成为与决策相关的成本了。

在允许缺货的情况下，缺货成本是与决策相关的成本，但在不允许缺货的情况下，缺货成本是与决策无关的成本。

因而在一般情况下，存货决策只考虑订货成本和储存成本。

2. 什么是再订货点？如何确定再订货点？

答：为了保证生产和销售活动的连续性，企业应在存货用完或售完之前再一次订货。再订货点是指订购下一批货物的存货存量（实物量或金额）。一般来讲，当库存存货量降到采购间隔期的耗用量加上安全库存量的总和时，就应再次订货。在这种情况下，当存货量降到上述水平时即发出订单，在库存存货量等于安全库存量时，新的货物可预期运到。再订货点可以按下列公式确定：再订货点＝采购间隔期日数×平均每日耗用量＋安全库存量。

3. 什么是适时制生产？请举出适时制生产不同于传统生产的方面。

答：随着生产自动化、智能化的发展以及对市场做出灵敏反应的需要，要求企业物流的每一个步骤都是满足生产经营所必需的。适时制生产是指产品按顾客要求的时间交货，材料或部件按生产需要的时间送达，从而产生的适应时间要求的敏捷制造。适时制生产与传统生产的最大不同在于：根据市场供求的不同状况，采用不同的生产系统，从而在适当的时间、按需要的产品和数量生产，实现真正的按需生产，减少存货、降低存货成本。（1）在卖方市场环境中，由于产品供应量小于产品需求量，市场结构性矛盾是生产不出来，企业应该采用推动式生产模式（即提高生产效率、扩大生产规模来满足需求）。（2）在买方市场环境中，由于产品供应量大于产品需求量，市场结构性矛盾是卖不出去，企业应该采用拉动式生产模式（即以销定产）。

4. 适时制生产是如何看待存货的？

答：适时制生产产生零存货的管理要求：企业按需要引入存货，并通过不懈努力减少存货、降低存货成本。在适时制生产下，存货被认为对企业的经营存在的负面影响如下：（1）企业持有存货，占压流动资金，从而产生机会成本。（2）企业持有存货，会发生仓储成本。（3）企业持有存货，可能掩盖生产质量问题，掩盖生产的低效率，增加企业信息系统的复杂性。

5. 零存货管理在互联网＋的情况下应如何实施？

答：存货管理的目的是在满足生产经营需要的基础上不断降低存货成本，从理论上讲存货的存在是一种资源的浪费，适时制生产为实现零存货管理设计了各种措施。在互联网＋的情况下，企业应该在资源有效使用的基础上，从作业、流程入手，通过优化业务流程、管理流程去降低存货、实现零存货管理。当将互联网＋引入企业管理时，流程再造使得企业的内部流程及企业与企业间的流程优化得以实现。例如，根据市场供求状况，采用拉动式生产或推动式生产；减少不增加价值的活动，缩短生产周期；在企业与顾客之间、企业与供货商之间实现共赢等。

二、练习题

1. 答：

(1) 经济订货批量 $= \sqrt{\dfrac{2 \times 56\,000 \times 1\,400}{20}} = 2\,800$（千克）

年成本合计 $= \sqrt{2 \times 56\,000 \times 1\,400 \times 20}$
$= 56\,000$（元）

(2) 经济订货批量 $= \sqrt{\dfrac{2 \times 56\,000 \times 1\,400}{20 \times \left(1 - \dfrac{200}{250}\right)}} = 6\,261$（千克）

年成本合计 $= \sqrt{2 \times 56\,000 \times 1\,400 \times 20 \times \left(1 - \dfrac{200}{250}\right)}$
$= 25\,043.96$（元）

(3) 按经济订货批量订货的年总成本为：

$2\,800 \div 2 \times 20 + 56\,000 \div 2\,800 \times 1\,400 = 56\,000$（元）

享受数量折扣时的年总成本为：

$3\,200 \div 2 \times 20 + 56\,000 \div 3\,200 \times 1\,400 - 56\,000 \times 150 \times 2\%$
$= -111\,500$（元）

(4) 再订货点 $= 10 \times 200 + 0 = 2\,000$（千克）

2. 答：

(1) 经济订货批量 $= \sqrt{\dfrac{2 \times 3\,456 \times 30}{2.5}} = 288$（件）

(2) 不允许缺货时经济订货批量 $= \sqrt{\dfrac{2 \times 3\,456 \times 30}{0.5}} = 644$（件）

允许缺货时经济订货批量 $= \sqrt{\dfrac{2 \times 3\,456 \times 30}{2.5}} = 288$（件）

允许最大缺货量 $= 644 - 288 = 356$（件）

(3) 允许缺货时总成本 $= \sqrt{2 \times 3\,456 \times 30 \times 2.5} = 720$（元）

不允许缺货时总成本 $= \sqrt{2 \times 3\,456 \times 30 \times 0.5} = 322$（元）

最小相关总成本为不允许缺货时的总成本，即 322 元。

3. 答：

(1) 经济生产批量 $= \sqrt{\dfrac{2 \times 36\,000 \times 6\,000}{3}} = 12\,000$（副）

12 000 副是最优生产批量，订单 12 000 副应该接受。该公司对客户要求所做出的反应是不恰当的，既然外国竞争对手能够以少于 Geneva 公司一半的生产时间将护目镜生产出来，说明 Geneva 公司的劳动效率低，有缩短生产时间的潜力。当前可以采用两班轮换生产的方式解决订单生产任务。一个工作班次生产速度为每天 750 副，两个工作班次生产速度为每天 1 500 副，6×1 500＝9 000 副。如果考虑生产准备时间为 2 天，则可以在两班轮换生产的基础上延长工作时间或三班轮换生产。

（2）解决订单需求不应靠储存更多的存货，这样会造成更大的损失和浪费。解决订单需求应该通过提高生产效率、缩短生产时间。例如缩短生产准备时间，提高生产的机械化、自动化水平等。在此，应借助零库存的思想去解决问题。

（3）经济生产批量＝$\sqrt{\dfrac{2\times36\,000\times94}{3}}=1\,502$（副）

生产周期＝9 000÷2 000＝4.5（天）

从订单到交货＝4.5＋1.5＝6（天）

（4）经济生产批量＝$\sqrt{\dfrac{2\times36\,000\times10}{3}}=490$（副）

生产准备时间接近于 0 以及生产准备成本变得微不足道意味着，企业可以以零存货管理来应对市场的需求。

C | 第 9 章
Chapter 9 | 长期成本与投资决策

学习目标

本章主要帮助学习者在了解长期成本特性及其影响的基础上，掌握各种投资决策指标的计算和应用，明晰各种投资决策指标的适用性及其优缺点，从而能够在不同情况下正确应用投资决策指标进行决策。

学习指导

1. 学习重点

（1）了解长期成本的特性及影响长期生产成本的动因，从战略角度把握投资决策到长期成本到产品成本的转换。

（2）了解货币时间价值、现金流量、资金成本的概念并掌握其计算。

（3）了解和掌握静态投资决策指标、动态投资决策指标的计算及优缺点。

（4）掌握投资决策指标在复杂情况下及特殊情况下的正确应用，从而解决不同条件下的投资决策问题。

2. 学习难点

（1）货币时间价值基本计算公式在变化情况下的灵活运用。

（2）现金流量在不同期间的计算和确定。

（3）资金成本的经济含义及其运用。

（4）净现值、获利指数、内部报酬率在复杂情况下（如投资额不同、期间不同）的正确掌握和运用。

（5）特殊情况下投资决策的扩展应用。

练习题

一、名词解释

1. 长期成本　　　　　　　　　2. 货币时间价值

3. 年金　　　　　　　　　　　4. 现金流量

5. 资金成本　　　　　　　　　6. 投资回收期

7. 净现值　　　　　　　　　　8. 内部报酬率

9. 获利指数　　　　　　　　　10. 差额投资内部报酬率

11. 年等额净回收额

二、判断题

1. 货币时间价值是指一定量的货币经过一定时间的投资与再投资所增加的价值。　　　　　　　　　　　　　　　　　　　　　　　　（　　）

2. 货币时间价值是在没有通货膨胀和风险情况下的社会平均资金利润率。

（　　）

3. 当通货膨胀率很低时，人们常常习惯于将银行利率视为货币时间价值。

（　　）

4. 货币时间价值的计算方法与银行复利的计算方法一致。　　（　　）

5. 年金是指一定期间的系列收支。　　　　　　　　　　　　（　　）

6. 由于留用利润也属于股东权益的一部分，因此其资金成本的计算方法与权益资金成本的计算方法相同。　　　　　　　　　　　　　　（　　）

7. 每年年末支付 500 元，假设利率为 5%，5 年后本利和为 2 901 元。

（　　）

8. 每年年初支付 500 元，假设利率为 5%，5 年后本利和为 2 901 元。

（　　）

9. 每年支付 500 元，假设利率为 6%，每年复利两次，5 年后本利和为 3 214 元。　　　　　　　　　　　　　　　　　　　　　　　　（　　）

10. 只有增量现金流量才是与投资项目决策相关的现金流量。　（　　）

11. 因为在整个投资期间内，利润总计与现金流量总计是相等的，所以在投资决策中重点研究利润或现金流量的效果是一样的。　　　　　（　　）

12. 采用资金成本为贴现率计算净现值并进行项目评价时，有时会夸大项目的效益。　　　　　　　　　　　　　　　　　　　　　　　　（　　）

13. 由于折旧会使税负减少，因此计算现金流量时，应将其视为现金流出量。

（　　）

14. 一个净现值较大的投资方案，其内部报酬率至少高于资金成本。（　　）

15. 在进行设备更新决策时，只要引起纳税额减少就一定属于现金净流入

项目。　　　　　　　　　　　　　　　　　　　　　　　　　（　　）

16. 若固定资产投资项目在计算折旧额时预计残值收入大于实际残值收入，其差额部分要缴纳所得税。　　　　　　　　　　　　　　　　　　（　　）

17. 在计算债券的资金成本时，应重点考虑用资费用，筹资费用一般可忽略不计。　　　　　　　　　　　　　　　　　　　　　　　　　　　（　　）

18. 在相容选择的决策中，各组合的最优选择标准是：组合的净现值总额最大。　　　　　　　　　　　　　　　　　　　　　　　　　　　　（　　）

三、单项选择题

1. 在利率和计息期数相同的条件下，复利现值系数与复利终值系数（　　）。

A. 没有关系　　　　　　　　　　B. 互为倒数

C. 成正比　　　　　　　　　　　D. 系数加 1，期数减 1

2. 利用获利指数评价投资决策时，贴现率的高低对方案的优先次序（　　）。

A. 没有影响　　　　　　　　　　B. 有影响

C. 成正比　　　　　　　　　　　D. 成反比

3. 获利指数（　　）就表明该项目具有正的净现值，对企业有利。

A. 大于 0　　　　　　　　　　　B. 小于 0

C. 大于 1　　　　　　　　　　　D. 小于 1

4. 某投资项目，若用 10％作为贴现率，其净现值为 250；用 12％作为贴现率，其净现值为－120，则该项目的内部报酬率为（　　）。

A. 8.65％　　　B. 13.85％　　　C. 11.35％　　　D. 12.35％

5. 影响投资者期望投资报酬率水平的因素是（　　）。

A. 社会平均利润率　　　　　　　B. 企业利润

C. 企业收入　　　　　　　　　　D. 项目内部报酬率

6. 与投资项目有关的现金流量项目是（　　）。

A. 企业折旧额　　　　　　　　　B. 企业利润

C. 投资项目折旧额　　　　　　　D. 企业收入

7. 下列说法中不正确的是（　　）。

A. 净现值大于零，方案可取

B. 内部报酬率大于资金成本，方案可行

C. 使用净现值、获利指数与内部报酬率指标，在评价投资项目可行性时，会得出相同的结论

D. 内部报酬率是投资项目本身的收益能力，反映其内在获利能力

8. 旧设备的变现价值应作为继续使用旧设备的（　　）。

A. 付现成本　　　　　　　　　　B. 无关成本

C. 相关成本　　　　　　　　　　D. 机会成本

9. 当贴现率与内部报酬率相等时，说明（　　）。

A. 净现值大于零　　　　　　　　B. 净现值小于零

C. 获利指数等于零　　　　　　　D. 获利指数等于 1

10. 下列长期投资决策评价指标中，需要以行业基准贴现率为计算依据的是（　　）。

A. 内部报酬率　　　　　　　　　B. 投资回收期

C. 投资报酬率　　　　　　　　　D. 获利指数

11. 计算一个项目的投资回收期，应考虑的因素是（　　）。

A. 贴现率　　　　　　　　　　　B. 使用寿命

C. 年现金流量　　　　　　　　　D. 资金成本

12. 对单独投资项目评价时，下列表述不正确的是（　　）。

A. 资金成本越高，净现值就越大

B. 当内部报酬率等于资金成本时，净现值为零

C. 内部报酬率小于资金成本时，净现值为负数

D. 资金成本越低，获利指数就越大

13. 某投资方案，在贴现率为 16％时净现值为 1 200 万元，贴现率为 14％时净现值为 400 万元，则该投资方案的内部报酬率为（　　）。

A. 14.2％　　　　　B. 14.5％　　　　　C. 15.2％　　　　　D. 15.5％

14. 在项目计算期不同的多项目比较决策中，应采用（　　）进行优化选择。

A. 净现值　　　　　　　　　　　B. 内部报酬率

C. 差额投资内部报酬率　　　　　D. 年等额净回收额

四、多项选择题

1. 投资决策分析使用的指标主要有（　　）。

A. 投资报酬率　　　　　　　　　B. 内部报酬率

C. 偿还期　　　　　　　　　　　D. 净现值

E. 获利指数

2. 在考虑所得税的影响后，能够计算出营业现金流量的公式有（　　）。

A. 收入×(1－税率)－付现成本×(1－税率)－折旧×税率

B. 税后收入－税后成本＋折旧

C. 营业收入－付现成本－所得税

D. 税后净利＋折旧

E. 税后净利－折旧

3. 个别资金成本受（　　）的影响。

A. 资金实际年占用费　　　　　　B. 资金的筹资总额

C. 同期银行利率　　　　　　　　D. 资金筹集费

E. 资金占用时间

4. 投资决策分析使用的静态投资指标主要有（　　）。

A. 投资回收期　　　　　　　　B. 投资报酬率

C. 净现值　　　　　　　　　　D. 内部报酬率

E. 获利指数

5. 影响设备最优更新期决策的因素包括（　　）。

A. 设备原值　　　　　　　　　B. 设备残值

C. 设备更新年份　　　　　　　D. 设备运行成本

E. 设备使用环境

6. 下列因素中影响内部报酬率的有（　　）。

A. 投资项目的使用年限　　　　B. 建设期的长短

C. 投资的投入方式　　　　　　D. 资金成本

E. 风险

7. 下列成本中与特定决策有关的有（　　）。

A. 账面成本　　　　　　　　　B. 重置成本

C. 机会成本　　　　　　　　　D. 未来成本

E. 沉没成本

8. 影响投资项目营业现金流量大小的因素有（　　）。

A. 年销售收入　　　　　　　　B. 年销售收入的增加额

C. 成本的增加额　　　　　　　D. 付现成本

E. 折旧

9. 若一个投资项目的净现值大于零，则说明该项目（　　）。

A. 营业现金流量为正数　　　　B. 资金成本低

C. 投资额少　　　　　　　　　D. 经营期的利润水平高

E. 风险高

10. 采用固定资产年平均成本法进行设备更新决策时，主要考虑（　　）。

A. 使用新旧设备给企业带来的年收入不同

B. 使用新旧设备给企业带来的年成本不同

C. 新旧设备使用年限不同

D. 使用新旧设备给企业带来的年收入相同

E. 税后利润

11. 下列说法中正确的有（　　）。

A. 通货膨胀的经济学意义与货币时间价值一样

B. 计算通货膨胀对货币价值影响的方法与货币时间价值的计算方法一样

C. 在通货膨胀的影响下，可能会使某些可以接受的项目变为无法接受

D. 在通货膨胀的影响下，可能会使某些无法接受的项目变为可以接受

E. 通货膨胀对项目决策没有影响

12. 对于是否继续使用旧设备的决策方案，其现金流出量包括（   ）。

A. 旧设备变现价值　　　　　　　B. 旧设备变现损失减税

C. 每年折旧抵税　　　　　　　　D. 残值变现净收入纳税

E. 新设备买价

13. 影响长期生产成本变动的因素主要有（   ）。

A. 投入要素的数量　　　　　　　B. 投入要素的质量

C. 生产规模　　　　　　　　　　D. 经营期间的长短

E. 公司的组织形式

14. 当投资额不同或项目计算期不同时，应采用（   ）进行优化选择。

A. 净现值　　　　　　　　　　　B. 内部报酬率

C. 获利指数　　　　　　　　　　D. 差额投资内部报酬率

E. 年等额净回收额

五、简答题

1. 影响长期生产成本的动因有哪些？它们是如何影响长期生产成本的？

2. 为什么当静态投资决策指标与动态投资决策指标的结论不一致时，要以动态投资决策指标的结论为准？

3. 为什么在进行投资决策时，要以现金流量而不是会计利润作为项目取舍的衡量标准？

4. 从计算上讲，货币时间价值取决于哪些因素的影响？对管理而言有何意义？

5. 如果投资期间不同，或者投资额不等，净现值是否能得出正确的结论？如何才能得出正确的结论？

6. 静态投资决策指标与动态投资决策指标有何区别？

7. 试比较三种动态投资决策指标的异同。

六、计算题

1. 某项目需投资 1 200 万元用于购建固定资产，该固定资产使用寿命为 5 年，按直线法计提折旧，5 年后设备残值为 200 万元；另外在第 1 年年初一次投入流动资金 300 万元。每年预计付现成本为 300 万元，可实现销售收入 800 万元，项目结束时可全部收回垫支的流动资金，所得税税率为 25%。

要求：计算该项目的现金流量。

2. 假设 A 工厂有一笔 123 600 元的资金，准备存入银行，希望在 7 年后利用这笔款项的本利和购买一套生产设备，当时的银行存款利率为 10%，该设备的预计价格为 240 000 元。

要求：试用数据说明 7 年后 A 工厂能否用这笔款项的本利和购买设备。

3. 高科公司在初创时拟筹资 5 000 万元,现有甲、乙两个备选方案,有关资料经测算如表 9-1 所示。

表 9-1 相关资料

筹资方式	甲方案		乙方案	
	筹资额(万元)	资金成本(%)	筹资额(万元)	资金成本(%)
长期借款	800	7	1 100	7
公司债券	1 200	8.5	400	8.5
普通股	3 000	14	3 500	14
合计	5 000	—	5 000	—

要求:计算甲、乙方案的综合资金成本,并进行最优筹资决策。

4. 假设银行利率为 8%,若要在 5 年后得到 10 000 元。

要求:计算每年应存入银行的金额。

5. 老王本年退休,为使晚年幸福,计划从退休起的 30 年间,每年拿出 24 万元用于补充社会养老金账户。老王的儿子小王为此计划在未来 10 年内每年等额存入银行一笔钱,如果未来期间平均收益率为每年 6%。

问:小王每年应存入多少钱才能满足老王的愿望?

6. 某投资项目的初始投资为 5 000 元,第 1 年年末和第 2 年年末均有现金流入 3 000 元。

要求:

(1)计算该项投资的报酬率。

(2)计算该项投资的内部报酬率。

(3)如果资金成本为 10%,该项投资的净现值为多少?获利指数为多少?

7. 某厂有一台设备,购置成本为 240 000 元,使用寿命为 12 年,假设该设备按直线法计提折旧,且 12 年后无残值,其维修及操作成本第 1~4 年为 30 000 元,第 5 年为 35 000 元,第 6 年为 40 000 元,第 7 年之后为 50 000 元。

要求:计算当资金成本为 10% 时,该设备的最佳更新期。

8. 某企业有一台旧设备,重置成本为 12 000 元,年运行成本为 8 000 元,6 年后报废无残值。如果用 40 000 元购买一台新设备,年运行成本为 6 000 元,使用寿命为 8 年,8 年后残值为 2 000 元。新旧设备的产量及产品销售价格相同。企业采用直线法计提折旧,资金成本为 10%,所得税税率为 25%。

要求:通过计算,对企业是继续使用旧设备还是更换新设备进行决策。

9. 某企业在生产中需要一种设备,若企业自己购买,需支付设备买入价 120 000 元,该设备使用寿命为 10 年,预计残值率为 5%;企业若采用租赁的方式进行生产,每年将支付 20 000 元的租赁费用,租赁期为 10 年。假设贴现率为 10%,所得税税率为 25%。

要求： 做出应购买还是租赁该设备的决策。

10. 某公司拟购买一套新设备替代原有的旧设备。旧设备原值 15 000 元，已经使用 4 年，估计还可以继续使用 4 年，年运行成本为 2 000 元，预计残值为 2 000 元，目前市场的可变现价值估计为 8 000 元；新设备的购买价为 13 000 元，预计使用寿命为 6 年，年运行成本为 800 元，预计残值为 2 500 元。该公司所得税税率为 25%，预期报酬率为 12%。税法规定此类设备折旧年限为 6 年，残值率为 10%，按直线法计提折旧。

要求： 请分析该公司是否应更新该项设备（列出计算过程）。

☐ 练习题参考答案

一、名词解释

1. 长期成本，从受益期间看是指成本收益期大于 1 年的资源耗费，从形成原因看是长期投资形成的资产价值，其表现形式为长期投资的资产在经营期间的损耗所形成的摊销，形成成本或费用。

2. 货币时间价值，是指一定量的货币经过一定时间的投资与再投资所增加的价值。

3. 年金，是指一定期间内每期相等金额的系列收付款项。

4. 现金流量，是指在投资活动过程中，由于项目实施所产生的现金支出或现金收入的数量。

5. 资金成本，又称资本成本，是指企业筹集和使用资金必须支付的各种费用，包括用资费用和筹资费用。

6. 投资回收期，是指自投资项目实施起至收回初始投入资本所需要的时间，即能够使与此方案相关的累计现金流入量等于累计现金流出量的时间。

7. 净现值，是指在项目的整个实施运行过程中，所有现金净流入年份的现值之和与所有现金净流出年份的现值之和的差额。

8. 内部报酬率，反映的是项目本身实际达到的报酬率，它是在整个项目的实施运行过程中，当所有现金净流入年份的现值之和与所有现金净流出年份的现值之和相等时方案的报酬率，亦即能够使项目的净现值为零的报酬率。

9. 获利指数，也叫现值指数，是指在整个项目的实施运行过程中，所有现金净流入年份的现值之和与所有现金净流出年份的现值之和的比值。

10. 差额投资内部报酬率，是在原始投资额不同的两个项目的差量净现金流量的基础上，计算出来的差额投资的内部报酬率。

11. 年等额净回收额，等于该项目的净现值与相关的资本回收系数（即指年金现值系数的倒数）的乘积。

二、判断题

1. √	2. √	3. ×	4. √
5. ×	6. ×	7. ×	8. √
9. ×	10. √	11. ×	12. √
13. ×	14. √	15. ×	16. ×
17. ×	18. √		

三、单项选择题

1. B	2. B	3. C	4. C
5. A	6. C	7. C	8. D
9. D	10. D	11. C	12. A
13. B	14. D		

四、多项选择题

1. ABDE	2. BCD	3. ABD	4. AB
5. ABD	6. ABC	7. BCD	8. ADE
9. ABD	10. BCD	11. BC	12. DE
13. ABC	14. DE		

五、简答题

1. 影响长期生产成本的动因有哪些？它们是如何影响长期生产成本的？

答：引起长期生产成本变动的原因主要有：（1）投入要素的数量。在传统生产中，材料、工人、设备是生产的三大投入要素，其投入数量决定了生产的规模。尤其是厂房和设备的投入，随着使用其损耗的价值以折旧方式逐渐转移并收回，完成长期成本向短期成本的转化。于是，这些投入要素以资金的方式，表现为资金流入、资金流出、资金结存及资金形态（货币资金、原材料资金、在产品资金、产成品资金、应收账款资金）的改变。最终表现为长期投资的作用期间和现金流量，进而影响决策。（2）投入要素的质量。在同样投入要素的情况下，投入要素的质量将影响长期生产成本。具体讲，劳动密集型的生产投入的人力（多为操作型工人）多，但机器、设备（多为单台机器、设备的工序连接）的投入少；技术密集型的生产投入的人力（多为技能型工人）少，但机器、设备（多为若干机器、设备工序连接的机器组合）的投入大；智能化生产投入的人力更少（多为创新型工人），但机器、设备的投入更大（多为灵巧制造体系）。于是，伴随固定资产、无形资产的投入增加，单位变动成本越来越少、固定成本总额越来越多成为基本趋势。（3）生产规模。在投入要素的数量和质量确定后，生产规模将持续影响长期生产成本。由于在某一生产规模时的最低成本点代表着经济规模，因此如何以经济规模为基础进行最优决策和生产组织密切相关。此时规模设计又成为减少投入要素数量的重要因素，并为进一步降低经营期的短期成本奠定了基础。

2. 为什么当静态投资决策指标与动态投资决策指标的结论不一致时，要以动态投资决策指标的结论为准？

答：因为静态投资决策指标存在固有的缺陷：（1）投资回收期的优点是计算简便，但只说明投资回收的时间长短，不能说明投资回收后的现金流量情况及投资回收的时间先后。（2）投资报酬率虽然考虑了回收期后的收益，但仍然忽略了投资回收的时间先后。也就是说，静态投资决策指标都没有考虑货币时间价值，容易导致决策失误。

3. 为什么在进行投资决策时，要以现金流量而不是会计利润作为项目取舍的衡量标准？

答：进行投资决策时，要以现金流量作为项目取舍的衡量标准的主要原因是：（1）由于长期投资决策要求考虑货币时间价值，在决策时不但需要预测现金流入和流出的数量，同时也要考虑现金流发生的时间，以其作为衡量投资项目优劣的依据。而会计利润的计算是建立在权责发生制基础上的，现金流入与流出发生的时间相对不重要。（2）利润是以权责发生制为基础计算的：一方面，各期利润在一定程度上受到所采用的存货计价、费用分摊和折旧计提方法等会计政策选择的影响；另一方面，又会由于应收、应付、预收、预付等原因产生价值波动。此外，利润指标也容易受到企业决策层基于某些经济动机的人为操纵。综上所述，利润的预计比现金流量的预计具有更大的模糊性，用利润指标作为决策的主要依据不太可靠。

4. 从计算上讲，货币时间价值取决于哪些因素的影响？对管理而言有何意义？

答：从计算上讲，货币时间价值的大小取决于终值、现值、利息率和计息期，其中最关键的因素是利息率和计息期。因为在资金总额不变的情况下，终值大小与利息率和计息期成正比。对管理的意义在于：货币时间价值的大小取决于资金周转速度及增值速度的快慢，货币时间价值与资金周转速度及增值速度成正比，因此企业应采取各种有效措施加速资金周转，提高资金的使用效率和使用效果。

5. 如果投资期间不同，或者投资额不等，净现值是否能得出正确的结论？如何才能得出正确的结论？

答：如果投资期间不同或者投资额不等，净现值无法得出正确的结论；此时如要得出正确的结论，应采用获利指数进行辅助决策或计算年等额净回收额进行决策。

6. 静态投资决策指标与动态投资决策指标有何区别？

答：静态投资决策指标的共同优点是计算简便、易于理解，共同缺点是未考虑货币时间价值，这是与动态投资决策指标的最大也是最关键的区别。投资回收期的长短是项目风险的一种标志，因此在实务中常常作为选择方案的标准，其缺点在于不仅没有考虑货币时间价值，而且没有考虑回收期后的现金流量，因此不适宜用来判断那些后期收益较为丰厚的项目。投资报酬率使用会计学上的收益和成本概念，容易接受和掌握，但其最大的缺点仍然是没有考虑货币时间价值，因此无法在同一时间基础上对不同项目进行比较。与静态投资决策指标不同，动态投资决策指标是在充分考虑货币时间价值的基础上，对方案的优劣进行判断。动态投资决策指标主要有净现值、获利指数和内部报酬率指标，它们都是将各项目调整到同一个时点上进行比较，使得结果更加客观，也更具有说服力。

7. 试比较三种动态投资决策指标的异同。

答：净现值是一个绝对数，反映按现值计算的选取某项目的收益额，因此在筛选项目时企业只选择净现值大于零的项目进行投资。如果企业同时存在若干个净现值大于零的方案，而这些项目之间并不相互排斥，这时就应当选择净现值最大的项目。但是净现值无法反映项目之间投资报酬率的差异。如果企业评价项目的目的不仅是筛选项目，还要在所有净现值大于零的项目中选择报酬率高的项目进行投资，就必须使用相对数指标进行判断。获利指数和内部报酬率都适合用来判断，两者的不同之处在于前者需事先确定一个贴现率。该贴现率一般可以通过资金成本或企业要求的必要报酬率来确定，但是计算过程比较复杂，而且含有较多的主观因素。

内部报酬率计算的是项目自身的报酬率，因此可回避上述这些问题。但也存在一个很大的弱点：如果项目在运行过程中，净现金流量不是持续地大于零，而是反复出现，隔若干年就会有一个净现金流量小于零的阶段。此时，根据内部报酬率的数学模型就可能得到若干个内部报酬率，它们都满足使项目的净现值等于零的条件。在这种情况下，一般就只能结合其他指标进行判断了（如年等额净回收额）。

六、计算题

1. 答：

$$每年折旧额 = \frac{1\,200 - 200}{5} = 200(万元)$$

销售收入	800 万元
减：付现成本	300 万元
减：折旧	200 万元
税前净利	300 万元
减：所得税	75 万元
税后净利	225 万元
营业现金流量	425 万元

各年现金流量的分布如表 9 - 2 所示。

表 9-2 各年现金流量的分布表 单位：万元

	年份					
	0	1	2	3	4	5
固定资产投资	-1 200					
流动资产投资	-300					
营业现金流量		425	425	425	425	425
固定资产残值					200	
收回流动资金					300	
现金流量合计	-1 500	425	425	425	425	925

2. 答：

$$本利和 = 123\ 600 \times (F/P, 10\%, 7)$$
$$= 123\ 600 \times 1.949 = 240\ 896.4(元)$$

由于本利和大于 24 万元，因而 7 年后 A 工厂能够用这笔款项的本利和购买设备。

3. 答：

（1）甲、乙方案各种筹资方式的比重。

甲方案 乙方案

长期借款　$800 \div 5\ 000 \times 100\% = 16\%$　　　　$1\ 100 \div 5\ 000 \times 100\% = 22\%$

公司债券　$1\ 200 \div 5\ 000 \times 100\% = 24\%$　　　$400 \div 5\ 000 \times 100\% = 8\%$

普通股　　$3\ 000 \div 5\ 000 \times 100\% = 60\%$　　　$3\ 500 \div 5\ 000 \times 100\% = 70\%$

（2）甲、乙方案的综合资金成本。

$$甲方案的综合资金成本 = 16\% \times 7\% + 24\% \times 8.5\% + 60\% \times 14\%$$
$$= 1.12\% + 2.04\% + 8.4\% = 11.56\%$$

$$乙方案的综合资金成本 = 22\% \times 7\% + 8\% \times 8.5\% + 70\% \times 14\%$$
$$= 1.54\% + 0.68\% + 9.8\% = 12.02\%$$

$11.56\% < 12.02\%$，应该选择甲方案筹资。

4. 答：

$$10\ 000 = A \times (F/A, 8\%, 5)$$
$$A = \frac{10\ 000}{(F/A, 8\%, 5)} = \frac{10\ 000}{5.867} = 1\ 704.45(元)$$

每年应存入银行 1 704.45 元。

5. 答：

$$P_n = 24 \times (P/A, 6\%, 30)$$
$$= 24 \times 13.765 = 330.36(万元)$$

老王如果现在退休，在平均收益率为每年 6% 时，要有 330.36 万元才能满足退休养老的愿望。

$$330.36 = A \times (P/A, 6\%, 10)$$

$$A = \frac{330.36}{7.36} = 44.885\,9(万元)$$

小王未来 10 年每年存入 44.885 9 万元，才能满足老王退休养老的愿望。

6. 答：

（1）该项投资的报酬率。

$$投资报酬率 = \frac{(3\,000 + 3\,000) \div 2}{5\,000} = 60\%$$

（2）该项投资的内部报酬率。

贴现率 $i = 12\%$ 时：

$$净现值 = 3\,000 \times (P/A, 12\%, 2) - 5\,000$$
$$= 3\,000 \times 1.69 - 5\,000 = 70(万元)$$

贴现率 $i = 14\%$ 时：

$$净现值 = 3\,000 \times (P/A, 14\%, 2) - 5\,000$$
$$= 3\,000 \times 1.646 - 5\,000 = -62(万元)$$

采用内插法计算内部报酬率：

$$IRR = 12\% + (14\% - 12\%) \times \frac{70.3}{70.3 - (-59.9)}$$
$$= 12\% + 2\% \times 0.54 = 13.08\%$$

（3）贴现率 $i = 10\%$ 时该项投资的净现值及获利指数。

$$净现值 = -5\,000 + 3\,000 \times (P/A, 10\%, 2)$$
$$= -5\,000 + 3\,000 \times 1.735$$
$$= 205(万元)$$

$$获利指数 = \frac{3\,000 \times (P/A, 10\%, 2)}{5\,000}$$
$$= \frac{3\,000 \times 1.735\,5}{5\,000}$$
$$= 1.041$$

7. 答：

$$年折旧额 = \frac{240\,000}{12} = 20\,000(元)$$

根据所给资料，计算出不同年份的年平均成本，如表 9-3 所示。

表 9 - 3

单位：元

	\multicolumn{12}{c}{更新年限}
	1	2	3	4	5	6	7	8	9	10	11	12
折旧额	20 000	20 000	20 000	20 000	20 000	20 000	20 000	20 000	20 000	20 000	20 000	20 000
$(1+10\%)^{-n}$	0.909 1	0.826 4	0.751 3	0.683 0	0.620 9	0.564 5	0.513 2	0.466 5	0.424 1	0.385 5	0.350 5	0.318 6
折余价值 S_n	220 000	200 000	180 000	160 000	140 000	120 000	100 000	80 000	60 000	40 000	20 000	0
$S_n(1+10\%)^{-n}$	200 002	165 280	135 234	109 280	86 926	67 740	51 320	37 320	25 466	15 420	7 010	0
运行费用 C_n	30 000	30 000	30 000	35 000	40 000	50 000	50 000	50 000	50 000	50 000	50 000	50 000
$C_n(1+10\%)^{-n}$	27 273	24 792	22 539	20 490	21 732	22 584	25 660	23 325	21 205	19 - 275	17 525	15 930
$\sum C_n(1+10\%)^{-n}$	27 273	52 065	74 604	95 094	116 826	139 410	165 070	188 395	209 600	228 875	246 400	262 330
$(P/A,10\%,n)$	0.909 1	1.735 5	2.486 9	3.169 9	3.790 8	4.355 3	4.868 4	5.334 9	5.759 0	6.144 6	5.495 1	6.813 7
年平均成本	73 997.36	73 053.87	73 332.26	71 236.95	71 198.69	71 561.09	72 662.48	73 305.03	73 650.63	73 797.32	73 838.74	73 723.53

比较表9-3中的年平均成本可知，该设备运行到第5年时的年平均成本最低，因此应在设备使用5年后，立即将其更新。

8. 答：

(1) 继续使用旧设备。

设备重置成本＝12 000(元)

年折旧额节税＝12 000÷6×25％＝500(元)

年折旧额节税现值＝500×(P/A,10％,6)

$$=500×4.355$$

$$=2\ 177.5(元)$$

总运行成本现值＝[8 000×(1−25％)]×(P/A,10％,6)

$$=6\ 000×4.355$$

$$=26\ 130(元)$$

$$年平均成本=\frac{12\ 000-2\ 177.5+26\ 130}{(P/A,10％,6)}=\frac{35\ 952.5}{4.355}$$

$$=8\ 255.45(元)$$

(2) 更换新设备。

新设备采购成本＝40 000(元)

残值收回现值＝2 000×(P/F,10％,8)

$$=2\ 000×0.466$$

$$=932(元)$$

$$年折旧额节税=\frac{40\ 000-2\ 000}{8}×25％=1\ 187.5(元)$$

年折旧额节税现值＝1 900×(P/A,10％,8)

$$=1\ 900×5.334$$

$$=10\ 134.6(元)$$

总运行成本现值＝6 000×(1−25％)×(P/A,10％,8)

$$=4\ 500×5.334$$

$$=24\ 003(元)$$

$$年平均成本=\frac{40\ 000-932-10\ 134.6+24\ 003}{(P/A,10％,8)}=\frac{52\ 936.4}{5.334}$$

$$=9\ 924.33(元)$$

由上述计算结果可知，更换新设备的年平均成本高于继续使用旧设备，因此不应当更新。

9. 答：

(1) 购买设备。

设备折余价值＝120 000×5％＝6 000(元)

$$年折旧额＝\frac{120\,000-6\,000}{10}＝11\,400(元)$$

购买设备支出＝120 000(元)

年折旧额节税现值＝11 400×25％×$(P/A,10％,10)$

　　　　　　　　＝2 850×6.144＝17 510.4(元)

设备折余价值变现现值＝6 000×$(P/F,10％,10)$

　　　　　　　　　　＝6 000×0.385＝2 310(元)

总支出＝120 000−17 510.4−2 310＝100 179.6(元)

(2) 租赁设备。

租赁费支出＝20 000×$(P/A,10％,10)$

　　　　　＝20 000×6.144＝122 880(元)

租赁费节税现值＝20 000×25％×$(P/A,10％,10)$

　　　　　　　＝5 000×6.144＝30 720(元)

总支出＝122 880−30 720＝92 160(元)

上述计算结果表明，租赁设备的总支出数小于购买设备的总支出数，因此企业应采取租赁的方式。

10. 答：

因新旧设备的使用年限不同，故应采用平均年成本法比较两者的优劣。

(1) 继续使用旧设备的平均年成本。

每年付现运行成本的现值＝2 000×(1−25％)×$(P/A,12％,4)$

　　　　　　　　　　　＝1 500×3.037＝4 555.5(元)

$$年折旧额＝\frac{15\,000×(1-10％)}{6}＝2\,250(元)$$

年折旧额节税现值＝2 250×25％×$(P/A,12％,2)$

　　　　　　　＝562.5×1.69＝950.63(元)

残值收入节税现值＝[2 000−(2 000−15 000×10％)×25％]×$(P/F,12％,4)$

　　　　＝1 875×0.636＝1 192.5(元)

旧设备变现收益＝8 000−[8 000−(15 000−2 250×4)]×25％

　　　　　　　＝7 500(元)

继续使用旧设备的现金流出总现值＝4 555.5＋7 500−950.63−1 192.5

　　　　＝9 912.37(元)

$$\begin{array}{c}\text{继续使用旧设备的}\\\text{年平均成本}\end{array}=\frac{9\,912.37}{(P/A,12\%,4)}=\frac{9\,912.37}{3.037}=3\,263.87(\text{元})$$

（2）更换新设备的平均年成本。

购置成本＝13 000(元)

每年付现运行成本的现值＝800×(1−25%)×(P/A,12%,6)

＝600×4.111=2 466.6(元)

年折旧额＝13 000×(1−10%)/6＝1 950(元)

年折旧额节税现值＝1 950×25%×(P/A,12%,6)

＝487.5×4.111=2 004.11(元)

$$\begin{array}{c}\text{残值收入}\\\text{节税现值}\end{array}=[2\,500-(2\,500-13\,000\times10\%)\times25\%]\times(P/F,12\%,6)$$

＝2 200×0.507=1 115.4(元)

$$\begin{array}{c}\text{更换新设备的}\\\text{现金流出总现值}\end{array}=13\,000+2\,466.6-2\,004.11-1\,115.4$$

＝12 347.09(元)

$$\begin{array}{c}\text{更换新设备的}\\\text{年平均成本}\end{array}=\frac{12\,347.09}{(P/A,12\%,6)}=\frac{12\,347.09}{4.111}=3\,003.43(\text{元})$$

由于更换新设备的年平均成本低于继续使用旧设备，因此应更新该项设备。

教材习题解析

一、思考题

1. 单纯的时间会产生货币时间价值吗？为什么？

答：从本质上讲，货币时间价值是资金在周转使用中由于时间因素而形成的差额价值（即资金在生产经营中带来的增值额），单纯的时间是不会产生货币时间价值的。因为：（1）货币时间价值产生于生产流通领域，消费领域不产生时间价值，因此企业应将更多的资金或资源投入生产流通领域而不是消费领域。（2）货币时间价值产生于资金运动之中，只有运动着的资金才能产生时间价值，凡处于停顿状态的资金（从资金增值的自然属性讲已不是资金）不会产生时间价值，因此企业应尽量减少资金的停顿时间和数量，加速资金周转。

2. 什么是现金流量？现金流量由哪几个部分构成？

答：现金流量是指在投资活动过程中，由于项目实施所产生的现金支出或现金收入的数量。现金流量由以下三个部分构成：（1）现金流出量，是指在实施此方案的整个过程中所需投入的资金，主要包括投放在固定资产上的资金、投放在土地上的资金、项目建成投产后为正常经营活动而投放在流动资产上的资金等。（2）现金流入量，是指由于实施了该方案而增加的现金，主要包括营业利润、固定资产的残值收入、项目结束时收回的原投入在该项目流动资产上的流动资金，以及固定资产的折旧费用（因为计提固定资产折旧将导致营业利润下降，但并不会引起现金支出，所以可将其视为一项现金流入）、土地的摊销价值。（3）净现金流量，是指现金流入量与现金流出量之间的差额。如果现金流入量大于现金流出量，称为净现金流入量；否则，称为净现金流出量。

3. 什么是资金成本？理解资金成本对我们掌握管理会计有哪些帮助？

答：资金成本又称资本成本，是指企业筹集和使用资金必须支付的各种费用，由用资费用和筹资费用构成。理解和把握资金成本，对企业进行筹资决策、资本投放决策、营运资本管理和业绩评价等都有重要的意义。例如：（1）在企业筹资决策中，资金成本是企业选择资金来源、拟定筹资方案的依据。这种影响主要表现在四个方面：资金成本是影响企业筹资总额的重要因素，是企业选择资金来源的基本依据，是企业选用筹资方式的参考标准，是确定最优资本结构的主要参数。（2）在企业投资决策中，当采用净现值指标决策时，常以资金成本作为贴现率，此时净现值为正则投资项目可行，否则不可行；当以内部报酬率指标决策时，资金成本是决定项目取舍的一个重要标准。只有当项目的内部报酬率高于资金成本时，项目才可能被接受，否则就必须放弃。

4. 静态投资决策指标有哪些？它们各有什么缺点？

答：静态投资决策指标是指没有考虑时间价值因素的决策指标，主要包括投资回收期和投资报酬率。（1）投资回收期的主要优点是计算简便，同时投资回收期的长短也是项目风险的一种标志，因此在实务中常常被当作一种选择方案的标准。但是，投资回收期的最大缺点在于它既没有考虑货币的时间价值，也没有考虑回收期后的现金流量。（2）投资报酬率的主要优点在于计算简便，与投资回收期相比，投资报酬率虽然考虑了回收期后的收益，但仍然忽略了货币的时间价值。

5. 动态投资决策指标有哪些？它们各有什么缺点？

答：动态投资决策指标是指考虑了时间价值因素的决策指标，主要包括净现值、获利指数、内部报酬率。（1）净现值（NPV）是指在项目的整个实施运行过程中，所有现金净流入年份的现值之和与所有现金净流出年份的现值之和的差额。其优点是在现值计算的基础上以绝对额衡量投资项目的净收益，缺点是当投资额不等或投资期间不同时可能无法做出正确决策。（2）获利指数（PI）是指在整个项目的实施运行过程中，所有现金净流入年份的现值之和与所有现金净流出年份的现值之和的比值。其优点是在现值计算的基础上以相对额衡量投资项目的收益水平，缺点是无法衡量投资项目的净收益。（3）内部报酬率（IRR）反映的是项目本身实际达到的报酬率，是在整个项目的实施运行过程中当所有现金净流入年份的现值之和与所有现金净流出年份的现值之和相等时方案的报酬率，亦即能够使项目的净现值为零的报酬率。其优点是可以与资金成本、预期报酬率等比较，确定项目是否可取。缺点是当投资额不等或投资期间不同时可能无法做出正确决策。

6. 不同方案的净现值相等是否意味着不同方案具有相同的可选择性？请说明理由。

答：不一定。因为：（1）净现值的大小取决于贴现率的大小，其含义也取决于贴现率的内涵：如果以投资项目的资金成本作为贴现率，则净现值表示按现值计算的该项目的全部收益（或损失）；如果以投资项目的机会成本作为贴现率，则净现值表示按现值计算的该项目比已放弃项目多（或少）获得的收益；如果以行业平均资金收益率作为贴现率，则净现值表示按现值计算的该项目比行业平均收益水平多（或少）获得的收益。（2）净现值的大小取决于贴现率的大小，其含义也取决于贴现率的构成：货币时间价值、风险报酬、通货膨胀补偿。而不同行业的风险水平不等，则风险报酬不同；不同期间的通货膨胀水平不等，则通货膨胀补偿也就不同。

7. 请说明贴现率 i 的经济意义。

答：贴现率是货币时间价值计算中的一个重要指标，决定了贴现后现值的大小。其经济意义在于可以用贴现率度量方案的优劣。这时，它可以是资金成本，也可以是企业预期报酬率（由货币时间价值、风险报酬、通货膨胀补偿三个重要影响因素决定），对于正确的投资决策具有重要意义。因此，确定贴现率时，一定要考虑不同地区、不同时期、不同行业的不同影响，而不能盲目地采用没有区别、统一的贴现率。

二、练习题

1. 答：

$$P_n = A \times (P/A, i, n) \times (P/F, i, n)$$
$$= 24 \times (P/A, 6\%, 30) \times (P/F, 6\%, 10)$$
$$= 24 \times 13.765 \times 0.558 = 184.34(万元)$$

老李如果现在退休，在平均收益率为每年 6% 时，要有 184.34 万元才能满足退休养老的愿望。

$$184.34 = A \times (P/A, 6\%, 10)$$
$$A = 184.34 \div 7.36 = 25.046\,2(万元)$$

小李未来 10 年每年存入 25.046 2 万元，才能满足老李退休养老的愿望。

2. 答：

继续使用旧设备：

$$净现值 = 36\,000 \times 4.344 = 156\,384(元)$$

使用新设备：

> 未来报酬总现值＝47 000×4.344＋2 000×0.305＝204 778(元)
>
> 净现值＝204 778－(52 000－12 000)＝164 778(元)

由于继续使用旧设备的净现值 156 384 元＜使用新设备的净现值 164 778 元，因此应购买新设备。

3. 答：

> 初始现金流量＝－100(万元)

每年营业现金流量：

> 利润＝60－20－20＝20(万元)
>
> 所得税＝20×34％＝6.8(万元)
>
> 税后利润＝20－ 6.8＝13.2(万元)
>
> 营业现金流量＝20＋13.2＝33.2(万元)
>
> 终止现金流量＝0
>
> K＝100×12％×(1－34％)/100×(1－1％)＝8％
>
> 净现值＝33.2×3.993－100＝32.567 6(万元)

净现值大于零，方案可行。

4. 答：

(1) 市场调查费用 20 万元属于沉没成本，在决策时不应当考虑。

(2) 生产 A 设备的净现值为：

> $$NPV_A ＝160×(P/A,10％,6)＋30×(P/F,10％,6)－630$$
> $$＝(160×4.355＋30×0.564)－630$$
> $$＝83.72(万元)$$

生产 B 设备的净现值为：

> $$NPV_B ＝83×(P/A,10％,6)＋10×(P/F,10％,6)－310$$
> $$＝(83×4.355＋10×0.564)－310$$
> $$＝57.105(万元)$$

(3) 生产 A 设备的内部报酬率为：

> $$IRR_A ＝14.34％$$
> $$160×(P/A,10％,6)＋30×(P/F,10％,6)－630＝0$$

首先采用 10％测试：

> $$NPV_A ＝160×(P/A,10％,6)＋30×(P/F,10％,6)－630$$

$$= (160 \times 4.355 + 30 \times 0.564) - 630$$
$$= 83.72(万元)$$

由于 NPV_A 为正，再采用 17% 测试：

$$NPV_A = 160 \times (P/A, 17\%, 6) + 30 \times (P/F, 17\%, 6) - 630$$
$$= (160 \times 3.589 + 30 \times 0.390) - 630$$
$$= -44.06(万元)$$

由于内部报酬率是使 NPV_A 等于零的贴现率，故采用插值法确定内部报酬率：

$$\frac{X}{7\%} = \frac{83.72}{127.78}$$
$$X = 4.586\%$$

因此

$$IRR_A = 14.586\%$$

生产 B 设备的内部报酬率为：

首先采用 10% 测试：

$$NPV_B = 83 \times (P/A, 10\%, 6) + 10 \times (P/F, 10\%, 6) - 310$$
$$= (83 \times 4.355 + 10 \times 0.564) - 310$$
$$= 57.105(万元)$$

由于 NPV_A 为正，再采用 17% 测试：

$$NPV_B = 83 \times (P/A, 17\%, 6) + 10 \times (P/F, 17\%, 6) - 310$$
$$= (83 \times 3.589 + 10 \times 0.390) - 310$$
$$= -8.213(万元)$$

由于内部报酬率是使 NPV_A 等于零的贴现率，故采用插值法确定内部报酬率：

$$\frac{X}{7\%} = \frac{57.105}{65.318}$$
$$X = 6.12\%$$

因此

$$IRR_A = 16.12\%$$

（4）以上根据净现值和内部报酬率得出的结论不一致，根据净现值，生产 A 设备较优；根据内部报酬率，生产 B 设备较优。这是因为两个方案的投资额不同。

（5）海特公司应当选择投资生产 A 设备，因为生产 A 设备可以获得最大利益（即利润）。

5. 答：

（1）不考虑货币时间价值。

$$制瓶厂收入 = 380 \times 12 + 380 \times 1.07 \times 12 = 9\,439.2(美元)$$

$$肉制品包装厂收入 = 24 \times 8.75 \times 12 + 550 \times 12 - 225 \times 4 \times 2 = 7\,320(美元)$$

不考虑货币时间价值，在制瓶厂可以赚得最多钱。由于亨特的唯一目标就是在这两个暑假尽量多赚钱，因此应选择制瓶厂工作。

亨特需要考虑的主要非定量因素是专业性提升，在肉制品包装厂工作虽然报酬相对低，但会提高会计专业能力。

（2）考虑货币时间价值。

$$制瓶厂收入 = 380 \times 12 + 380 \times 12 \times (1 + 7\%) \times (P/F, 7\%, 1)$$
$$= 4\,560 + 4\,879.2 \times 0.935$$
$$= 9\,122.052(美元)$$

$$肉制品包装厂收入 = 24 \times 8.75 \times 12 - 225 \times 4 \times 2 + (550 \times 12) \times (P/F, 7\%, 1)$$
$$= 2\,520 - 1\,800 + 6\,600 \times 0.935$$
$$= 6\,891(美元)$$

即使考虑货币时间价值，在制瓶厂也可以赚得最多钱。但需要考虑的主要非定量因素是专业性提升。去肉制品包装厂本暑假可以上两门会计课，而且做会计全职工作，可以提高会计专业能力。所以，从更长时间看，去肉制品包装厂可以获得更高收益。

C 第 10 章
Chapter 10 预算管理

学习目标

本章主要帮助学习者了解和掌握预算管理的基本原理、预算管理的体系和结构、预算的编制方法，并能针对不同的企业环境和管理要求进行预算管理体系的设计和实施有效的预算管理。

学习指导

1. 学习重点

（1）了解预算的概念及预算管理的基本原理，理解预算管理与企业内部管理之间的内在联系。

（2）准确理解和掌握预算管理的体系和结构，从而完整、科学地理解预算管理的本质。

（3）注意把握经营预算、财务预算和资本支出预算间的勾稽关系。

（4）熟练掌握各种预算编制方法，准确理解各种预算编制方法的实质和适用性，并能针对不同的企业环境和管理要求，有效实施预算管理。

2. 学习难点

（1）由于预算是以预测为基础进行的，因此要在充分理解经营预测的基础上，有效地把各章节的内容和方法融会贯通地运用于预算管理相关内容的学习和实践中。

（2）真正理解企业环境和管理要求对预算管理的影响，才可能准确理解预算管理的实质，充分发挥预算管理的作用。

练习题

一、名词解释

1. 固定预算　　　　　　　　　2. 弹性预算

3. 零基预算　　　　　　　　　4. 滚动预算

5. 预算管理　　　　　　　　　6. 制造费用预算

7. 现金预算　　　　　　　　　8. 预计资产负债表

二、判断题

1. 预计生产量＝预计销售量＋预计期末产成品存货量－预计期初产成品存货量。　　　　　　　　　　　　　　　　　　　　　　　　　（　　）

2. 企业生产经营预算通常是在生产预测的基础上编制的。　　（　　）

3. 直接人工预算是以销售预算为基础编制的。　　　　　　　（　　）

4. 预计财务报表与实际财务报表的作用和格式都是类似的。　（　　）

5. 销售预算、生产预算等其他预算的编制，要以现金预算的编制为基础。

（　　）

6. 预计的财务报表也叫作总预算。　　　　　　　　　　　　（　　）

7. 在编制制造费用预算时，需要将固定资产折旧从固定制造费用中扣除。

（　　）

8. 零基预算是根据企业上期的实际经营情况，考虑本期可能发生的变化编制出的预算。　　　　　　　　　　　　　　　　　　　　　　　（　　）

9. 日常业务预算中的所有预算都能够同时反映经营业务和现金收支活动。

（　　）

10. 生产预算是以实物量作为计量单位的预算。　　　　　　（　　）

11. 弹性预算只是一种编制费用预算的方法。　　　　　　　（　　）

12. 预计财务报表的编制程序是先编制预计资产负债表，再编制预计利润表。

（　　）

13. 零基预算的编制基础与其他预算方法一致。　　　　　　（　　）

14. 概率预算反映了各预定指标在企业实际经营过程中可能发生的变化。

（　　）

三、单项选择题

1. 生产预算的主要内容有生产量、期初和期末产品存货及（　　）。

A. 资金量　　　　　　　　　　B. 工时量

C. 购货量　　　　　　　　　　D. 销货量

2. 直接人工预算额＝（　　）×单位产品直接人工工时×小时工资率。

A. 预计生产量　　　　　　　　B. 预计工时量

C. 预计材料消耗量　　　　　　　　D. 预计销售量

3. （　　　）是其他预算的起点。

A. 生产预算　　　　　　　　　　　B. 销售预算

C. 现金预算　　　　　　　　　　　D. 财务预算

4. 预计期初存货 50 件，期末存货 40 件，本期销售 250 件，则本期生产量为（　　　）件。

A. 250　　　　　　B. 240　　　　　　C. 260　　　　　　D. 230

5. 下列预算中，不涉及现金收支内容的是（　　　）。

A. 销售预算　　　　　　　　　　　B. 生产预算

C. 制造费用预算　　　　　　　　　D. 产品成本预算

6. 企业的预算体系的终结为（　　　）。

A. 现金预算　　　　　　　　　　　B. 销售预算

C. 预计财务报表　　　　　　　　　D. 资本支出预算

7. 变动制造费用预算的编制基础为（　　　）。

A. 生产预算　　　　　　　　　　　B. 销售预算

C. 材料预算　　　　　　　　　　　D. 产品成本预算

8. 下列不属于业务预算内容的是（　　　）。

A. 生产预算　　　　　　　　　　　B. 制造费用预算

C. 现金预算　　　　　　　　　　　D. 销售预算

四、多项选择题

1. 销售预算的主要内容有（　　　）。

A. 销售收入　　　　　　　　　　　B. 销售费用

C. 销售数量　　　　　　　　　　　D. 销售单价

E. 销售时间

2. 通常完整的预算应包括（　　　）三部分。

A. 运营预算　　　　　　　　　　　B. 财务预算

C. 销售预算　　　　　　　　　　　D. 资本支出预算

E. 成本预算

3. 财务预算包括（　　　）。

A. 现金预算表　　　　　　　　　　B. 资本支出预算

C. 预计利润表　　　　　　　　　　D. 预计资产负债表

E. 资本收入预算

4. 现金预算是各有关现金收支预算的汇总，通常包括（　　　）四个组成部分。

A. 现金收入　　　　　　　　　　　B. 现金支出

C. 现金节余或不足　　　　　　　D. 资金的筹集与应用

E. 资金的分配

5. 常用的预算编制方法包括（　　　）。

A. 固定预算　　　　　　　　　　B. 零基预算

C. 专门预算　　　　　　　　　　D. 滚动预算

E. 弹性预算

6. 影响预计生产量的因素有（　　　）。

A. 预计销售量　　　　　　　　　B. 预计期末存货

C. 预计期初存货　　　　　　　　D. 预计采购量

E. 预计费用

7. 运营预算包括（　　　）。

A. 现金预算　　　　　　　　　　B. 销售预算

C. 生产预算　　　　　　　　　　D. 成本预算

E. 资本支出预算

8. 财务预算中的预计财务报表包括（　　　）。

A. 预计收入表　　　　　　　　　B. 预计成本表

C. 预计资产负债表　　　　　　　D. 预计利润表

E. 现金预算表

9. 预计财务报表的编制基础包括（　　　）。

A. 销售预算　　　　　　　　　　B. 生产预算

C. 成本预算　　　　　　　　　　D. 销售及管理费用预算

E. 现金预算

五、简答题

1. 有人说，"永远不变的是变化"，以至于"年度预算，编制一年"，预算编制"耗时耗力，得不偿失"。你对此有何感想？怎样才能解决环境变动下的预算管理有效性问题？

2. 一个企业只能采用一种预算编制方法吗？为有效控制企业的经营活动和结果，企业能否结合使用各种预算编制方法？试结合不同类型企业进行思考。

3. 请你设计一个生产车间（成本中心）的预算框架（主体指标及其相互关系）。

4. 什么是预算道德问题？企业一般会产生哪些预算道德问题？请举例说明。

5. 经营预算包括哪些主要内容？

6. 简述零基预算的主要优缺点。

7. 为什么要编制弹性预算？怎样编制？

六、计算题

1. 某工厂期初存货 250 件，本期预计销售 500 件。

要求：

（1）如果预计期末存货 300 件，本期应生产多少件？

（2）如果预计期末存货 260 件，本期应生产多少件？

2. 假设现金期末最低余额为 5 000 元，银行借款起点为 1 000 元，贷款利息年利率为 5%，还本时付息。

要求：将下列现金预算的空缺数据按照其内在的联系填补齐全（见表 10 - 1）。

表 10 - 1　现金预算　　　　　　　　　　　　　　　单位：元

项目	第一季度	第二季度	第三季度	第四季度	全年
期初现金余额	4 500				
加：现金收入	10 500		20 000		66 500
可动用现金合计					
减：现金支出					
直接材料费用	3 000	4 000	4 000		15 000
直接人工费用		1 500			
间接制造费用（付现）	1 200	1 200	1 200	1 200	
销售和管理费用	1 000	1 000	1 000	1 000	4 000
购置设备	5 000	—	—	—	
支付所得税	7 500	7 500	7 500		30 000
现金支出合计	19 000		15 300		64 800
现金节余或不足					
筹措资金					
向银行借款		1 000			
归还借款			5 000	5 000	
支付利息					
期末现金余额		5 800			

3. 假定预算期生产量为 50 件，每件产品耗费人工 25 小时，每人工小时价格为 20 元。

要求：计算直接人工预算额。

4. 某公司 1 月、2 月销售额均为 10 万元，自 3 月起月销售额增长至 20 万元。公司当月收款 20%，次月收款 70%，余款在第 3 个月收回。公司在销售前一个月购买材料，并且在购买后的下一个月支付货款，原材料成本占销售额的70%，其他费用如表 10 - 2 所示。

表 10 - 2　相关数据　　　　　　　　　　单位：元

月份	工资	租金	其他费用	税金
3	15 000	5 000	2 000	—
4	15 000	5 000	3 000	80 000

若该公司 2 月底的现金余额为 50 000 元，且每月现金余额不少于 50 000 元。

要求：根据以上资料编制 3 月、4 月的现金预算。

5. 某公司年末预计下一年的销售收入与当年销售收入相同，均为 240 万元，全年销售额均衡。其他相关资料如下：

（1）期初、期末最低现金余额为 10 万元；

（2）销售额的平均收现期为 60 天；

（3）存货一年周转 8 次；

（4）应付账款为一个月的购买金额；

（5）各项期间费用总计 60 万元；

（6）下年年末固定资产净值为 50 万元；

（7）长期负债为 30 万元，下年偿还 7.5 万元；

（8）目前账面未分配利润为 40 万元；

（9）实收资本为 20 万元；

（10）销售成本为销售额的 60%；

（11）销售成本中的 50% 为外购原材料成本；

（12）企业所得税税率为 25%。

要求：根据以上资料编制预计利润表和预计资产负债表。

练习题参考答案

一、名词解释

1. 固定预算，是一种最基本的预算编制方法，该方法所涉及的各项预定指标均为固定数据。

2. 弹性预算，是在变动成本法下，充分考虑到预算期各预定指标（如销售量、售价及各种变动成本费用等）可能发生的变化，进而编制出的能适应各预定指标不同变化情况的预算。

3. 零基预算，主要用于各项费用的预算，其主要特点是各项费用的预算数完全不受以往费用水平的影响，而是以零为起点，根据预算期企业实际经营情况的需要，按照各项开支的重要程度来编制预算。

4. 滚动预算，也称连续预算，它的预算期一般也是一年，但是每执行完一个月后，就要将这个月的经营成果与预算数相对比，从中找出差异及原因，并据此对剩余月份的预算进行调整，同时自动增加一个月的预算，使新的预算期仍保持为一年。

5. 预算管理，是企业对未来某一特定时期内的经营、投资、财务等与企业价值流相关的各项经济活动的总体安排，是由一系列相互联系的预算构成的综合预算体系。

6. 制造费用预算，是除直接材料和直接人工以外的其他产品成本的计划。这些成本按照其与生产量的相关性，通常可分为变动制造费用和固定制造费用两类（即通常所说的成本性态分类）。

7. 现金预算，是各有关现金收支预算的汇总，通常包括现金收入、现金支出、现金节余或不足，以及资金的筹集与应用四个组成部分。

8. 预计资产负债表，反映的是企业预算期末各账户的预计余额，企业管理层可以据此了解企业未来期间的财务状况，以便采取有效措施，防止企业不良财务状况的出现。

二、判断题

1. √	2. ×	3. ×	4. ×
5. ×	6. √	7. √	8. ×
9. ×	10. √	11. ×	12. ×
13. ×	14. √		

三、单项选择题

1. D	2. A	3. B	4. B
5. B	6. C	7. A	8. C

四、多项选择题

1. ACD	2. ABD	3. ACD	4. ABCD
5. ABDE	6. ABC	7. BCD	8. CDE
9. ABCDE			

五、简答题

1. 有人说，"永远不变的是变化"，以至于"年度预算，编制一年"，预算编制"耗时耗力，得不偿失"。你对此有何感想？怎样才能解决环境变动下的预算管理有效性问题？

答：即使在变动的环境下，预算管理有效性也可以得到保障：对固定项目（如固定资产折旧、无形资产摊销、管理人员的计时工资、固定办公费用等），可以编制固定预算；对变动项目（如商品的购买价格、构成产品实体的材料消耗、生产人员的计件工资等），可以编制弹性预算；对预算期没有预计到的项目（如临时订单、新产品投产、突如其来的投资机会等），可以编制补充预算；预算期内的项目如果发生了变动（如原订单取消、经营环境发生了重大变化等），可以编制变更预算。此外，还可以通过滚动预算来协调战略预算和年度经营预算。只要认真分析预算项目形成和变动的原因，了解预算管理的本质和各子预算的相互关系，就能解决环境变动下的预算管理有效性问题。

2. 一个企业只能采用一种预算编制方法吗？为有效控制企业的经营活动和结果，企业能否结合使用各种预算编制方法？试结合不同类型企业进行思考。

答：企业编制预算时，往往结合使用各种编制方法。如对固定费用项目使用固定预算编制方法，可按合同约定或三年平均数列示；对变动费用项目使用弹性预算编制方法，可按变动原因计算后列示。而生产部门（成本中心）根据其生产分工和具体任务，以作业分析为基础，使用弹性预算或固定预算的编制方法，确定本部门的预算支出；职能部门（费用中心）根据其岗位职责和具体任务，以作业分析为基础，用零基预算的方法，确定本部门的预算支出。

3. 请你设计一个生产车间（成本中心）的预算框架（主体指标及其相互关系）。

答：把生产车间设置为成本中心，以产品质量和生产效率作为提升其价值的主要指标，并辅以降低生产成本。其实现途径是：在确保产品质量的情况下，提高材料利用率、工时利用率、设备利用率，最终以提高劳动生产率的方式降低生产成本。

4. 什么是预算道德问题？企业一般会产生哪些预算道德问题？请举例说明。

答：预算道德问题是指在预算管理过程中基于自身利益的追求而损害企业价值最大化的行为。道德问题普遍存在于预算编制、执行、考核的各个方面，因为预算管理所需的大多数信息是预算编制者或业绩要受到考核的人员提供的。如果这些人员为了得到较低的业绩考评标准而有意提供虚假的预算数据，就违反了道德标准。

例如，预算的被评价者会倾向于选择较低业绩增长指标的预算方案，因为这种方案的风险相对较低；又如，预算宽余和虚报都会使预算列支的费用高于管理者所知的实际需要。此外，用尽预算中的费用额度也是预算中一种严重的道德问题。因为预算的被评价者或许会认为如果他们不将预算总额用完，未来的预算额度就会被削减。为了避免被削减预算，他们会用浪费的方式花完预算余额，或者购置不需要的资产。

5. 运营预算包括哪些主要内容？

答：运营预算的主要内容包括销售预算、生产预算和销售及管理费用预算等。其中，生产预算包括产量预算、直接材料预算、直接人工预算、制造费用预算及期末产成品存货预算。

6. 简述零基预算的主要优缺点。

答：零基预算不是以承认现实的基本合理性为出发点，而是以零为起点，从而避免了原来不合理的费用开支对预算期费用的影响，因而能够充分、合理、有效地配置资源，减少资金浪费，特别适用于那些较难分辨其产出的服务性部门。但是，零基预算的方案评级和资源分配具有较大的主观性，容易引起部门间的矛盾。

7. 为什么要编制弹性预算？怎样编制？

答：在企业实际经营过程中，由于市场环境等因素的影响，预算期的各项指标，如销售量、售价及各种变动成本费用等都可能发生变化，弹性预算就是在变动成本法下，充分考虑到预算期各预定指标可能发生的变化，编制出的能适应各预定指标不同情况的预算，从而使得预算对企业在预算期的实际情况更加具有针对性。在实际工作中，企业可以根据实际业务情况选择执行相应的预算，并按此预算评价与考核各部门的预算执行情况。可见，弹性预算比固定预算更便于区分和落实责任。

弹性预算一般可按下述方法进行编制：

（1）选择或确定经营活动的计量标准（如产量单位、直接人工小时、机器小时等）。

（2）确定不同情况下经营活动水平的范围，一般选择在正常生产能力的 70%～110% 之间，并且间隔距离一般选为 5% 或 10%。

（3）根据成本和产量之间的关系，分别计算确定变动成本、固定成本和半变动成本以及多个具体项目在不同经营活动水平范围内的计划成本。

（4）通过一定的表格形式或其他形式加以汇总编制。

六、计算题

1. 答：

（1）本期生产量＝500＋300－250＝550（件）

（2）本期生产量＝500＋260－250＝510（件）

2. 答：

现金预算的空缺数据填补结果如表 10-3 所示。

表 10-3 现金预算 单位：元

项目	第一季度	第二季度	第三季度	第四季度	全年
期初现金余额	4 500	5 000	5 800	5 312.5	4 500
加：现金收入	10 500	15 000	20 000	21 000	66 500
可动用现金合计	15 000	20 000	25 800	26 312.5	71 000
减：现金支出					

续表

项目	第一季度	第二季度	第三季度	第四季度	全年
直接材料费用	3 000	4 000	4 000	4 000	15 000
直接人工费用	1 300	1 500	1 600	1 600	6 000
间接制造费用	1 200	1 200	1 200	1 200	4 800
销售和管理费用	1 000	1 000	1 000	1 000	4 000
购置设备	5 000	—	—	—	5 000
支付所得税	7 500	7 500	7 500	7 500	3 000
现金支出合计		15 200		15 300	
现金节余或不足	−4 000	4 800	10 500	11 012.5	6 200
筹措资金					
向银行借款	9 000	1 000			10 000
归还借款			5 000	5 000	10 000
支付利息			187.5	237.5	425
期末现金余额	5 000	5 800	5 312.5	5 775	5 775

3. 答：

直接人工预算额＝50×25×20＝25 000(元)

4. 答：

编制3月、4月的现金预算，如表10-4所示。

表10-4　现金预算　　　　　　　　　　　　单位：元

项目	3月	4月
期初现金余额	50 000	50 000
加：现金收入	120 000	190 000
减：现金支出		
购买原材料	140 000	140 000
工资	15 000	15 000
租金	5 000	5 000
其他费用	2 000	3 000
税金	—	80 000
现金支出合计	162 000	243 000
现金节余或不足	8 000	−3 000
从银行借款	42 000	53 000
期末现金余额	50 000	50 000

5. 答：

（1）编制预计利润表，如表 10 - 5 所示。

表 10 - 5　预计利润表　　　　　　　　　　　　单位：万元

销售收入	240
销售成本	144
毛利	96
生产费用及其他	60
税前利润	36
所得税	9
净利润	27

（2）编制预计资产负债表，如表 10 - 6 所示。

表 10 - 6　预计资产负债表　　　　　　　　　　单位：万元

货币资金	10	应付账款	6
应收账款	40	短期借款	2.5
存货	18	长期负债	22.5
固定资产	50	实收资本	20
		未分配利润	67
资产合计	118	负债和所有者权益合计	118

教材习题解析

一、思考题

1. 什么是预算？预算的重点是什么？

答：预算是面向未来，对企业某一特定期间的资源配置、业务活动、经营过程等方面进行的规划。预算的重点在于资源的优化配置，通过对业务活动、经营过程的资源优化配置，达到价值最大正增值。

2. 什么样的企业需要编制预算？小型企业是否需要编制预算？

答：管理学教授戴维·奥利曾强调：全面预算是为数不多的几个能把组织的所有关键问题融合于一个体系之中的管理控制方法，现已成为大型工商企业的标准作业程序。杰罗尔德·L.齐默尔曼对美国 400 家大型公司的调查结果显示，全面预算的应用十分普遍；国内相关调查结果也显示全面预算应用的普遍性。可以说，所有企业都可以也需要编制预算（和企业规模大小无关），但编制预算的种类不同企业（和企业规模大小有关）可能是不一样的。对于小企业而言，如果编制预算的利益大于耗费，编制预算则是可行的。

3. 不同竞争战略对企业预算管理有什么要求？

答：低成本战略定位于最大限度地降低成本，而预算管理围绕降低成本展开，预算编制往往以成本预算为起点。成本预算强调成本动因，如扩大经营规模以实现规模经济，采用技术革新降低单位产品消耗的材料或人工。

差异化战略定位于为实现企业在某方面的差异化服务，其中的成本控制不是单纯对成本本身的控制（表现为降低成本），而是通过成本控制使产品同时具有独特性和成本优势，最终赢得市场竞争。在企业管理中通常着重对产品全生命周期成本和新产品目标成本进行管理。因此，预算管理重视非成本因素在竞争中的作用，选择成本计算方法时更加注重成本效益原则。业绩评价的领域除了成本控制情况，还包括产品质量、客户服务、企业的学习与成长能力。评价指标体系中非财务指标也占了相当比重，常用的非财务指标有客户满意度、产品返修率、经营过程循环效率和员工流动率等。

4. 预算管理委员会的主要职责有哪些？

答：预算管理委员会属于公司治理层，直接归属公司董事会，通常由企业的总经理和分管采购、生产、销售、人力资源、财务等各职能部门的负责人组成，其主要职责包括：（1）制定预算管理制度，明确预算管理的政策、措施、办法和要求等；（2）根据战略规划和年度经营目标拟定预算目标，并确定预算目标分解方案、预算编制方法和程序；（3）组织编制、综合平衡预算草案，并下达经批准的正式年度预算；（4）审议预算调整方案，并协调解决预算编制和执行过程中遇到的重大问题；（5）对预算的执行情况进行考核。

5. 预算由哪几个部分构成？

预算完整反映未来一定期间企业生产经营的过程和结果，一般由运营预算、专门预算和财务预算构成。

6. 销售预算是编制预算的关键，其编制的主要依据有哪些？在进行销售预测时一般要考虑哪几个因素？

答：销售预算是编制预算的关键，往往也是编制其他预算的起点，因此销售预测的准确程度对整个预算的科学合理性起着至关重要的作用。

编制销售预算的根据主要有：（1）市场需求及销售量预测；（2）销售价格及变动趋势；（3）销售收款条件。

进行销售预测一般要考虑以下因素：以往销售量、未来的定价政策、市场份额、宏观经济状况、行业竞争、广告及促销办法、产品的季节性变动等。

7. 什么是财务预算？财务预算由哪几个部分构成？

答：财务预算是反映企业在预算期内有关现金收支、经营成果和财务状况的预算，是在运营预算和专门预算的基础上，按照一般会计原则和方法编制出来的。财务预算主要包括现金预算、预计资产负债表、预计利润表。

8. 什么是零基预算? 如何编制零基预算?

答: 零基预算的全称为以零为基础编制的计划和预算, 主要用于对各项费用的预算, 其主要特点是各项费用的预算数完全不受以往费用水平的影响, 而是以零为起点, 根据预算期企业实际经营情况的需要, 并按照各项开支的重要程度编制。

零基预算的编制步骤为: (1) 确定预算期的生产经营目标, 如利润目标、销售目标或生产目标等, 以便于各部门据此制定出各项费用的支出方案。(2) 对预算期各项费用的支出方案进行成本效益分析及综合评价, 权衡轻重缓急, 划分成不同等级并排出先后顺序。(3) 按照排出的等级和顺序, 并根据企业预算期可用于费用开支的资金数额分配资金, 落实预算。

9. 什么是滚动预算? 滚动预算有哪些优缺点?

答: 滚动预算是随预算期间的变动而不断修订和滚动编制的预算, 它与一般预算的重要区别在于预算期不是固定在某一期间 (一般预算的预算期通常是一年, 并且与会计年度保持一致)。滚动预算的预算期一般也是一年 (是包含 12 个月的一年, 而不是自然年份的一年), 但是每执行完一个月后, 就要将这个月的经营成果与预算数相对比, 从中找出差距及原因, 并据此对剩余月份的预算进行调整, 同时自动增加一个月的预算, 使新的预算期仍旧保持为一年。滚动预算在执行过程中, 可以随时对预算进行调整, 从而避免由于预算期过长导致预算脱离实际, 无法指导实际工作的可能。滚动预算长期保持一年的预算期, 使企业管理层对企业的未来有一个较为稳定的视野, 有利于保证企业经营管理工作稳定有序地进行。滚动预算的缺点是其持续工作将耗费大量的人力、物力, 代价较大。

二、练习题

1. 答:

编制销售预算表, 如表 10 - 7 所示。

表 10 - 7　销售预算表　　　　　　　　　　金额单位: 元

项目	第一季度	第二季度	第三季度	第四季度	合计
预计销售量 (件)	3 000	4 000	5 500	6 000	18 500
销售单价	100	100	100	100	100
预计销售收入合计	300 000	400 000	550 000	600 000	1 850 000
销售环节税金现金流量	16 500	22 000	30 250	33 000	101 750
现销收入	180 000	240 000	330 000	360 000	1 110 000
收回以前期可应收销货款	30 000 37 500	90 000 12 500	30 000 120 000	40 000 165 000	525 000
现金收入合计	247 500	342 500	480 000	565 000	1 635 000

编制现金预算表，如表10-8所示。

表10-8　现金预算表　　　　　　　　　单位：元

项目	第一季度	第二季度	第三季度	第四季度
期初现金余额	21 000	6 200	6 050	6 300
经营现金流入	247 500	342 500	480 000	565 000
经营现金流出	261 800	298 100	354 000	593 300
销售环节税金现金流量	16 500	22 000	30 250	33 000
现金余缺	(9 800)	28 600	101 800	(55 000)
资金筹措与运用				
取得借款	11 000			
归还借款		(11 000)		
借款利息		(550)		
出售证券	5 000			61 000
购买证券		(11 000)	(95 500)	
期末现金余额	6 200	6 050	6 300	6 000

2. 答：

佳星公司弹性利润预算表见表10-9。

表10-9　佳星公司弹性利润预算表　　　　　金额单位：元

预计销售量（件）	2 000	2 500	3 000	3 500	4 000
销售收入	200 000	250 000	300 000	350 000	400 000
减：变动成本	80 000	100 000	120 000	140 000	160 000
贡献毛益	120 000	150 000	180 000	210 000	240 000
减：固定成本	60 000	60 000	60 000	60 000	60 000
营业利润	60 000	90 000	120 000	150 000	180 000

C 第 11 章

Chapter 11 业绩考核

▢ 学习目标

本章主要帮助学习者了解业绩考核作为成本与管理会计的一项重要职能和工作，对投资者的管理和管理者的管理都具有重要意义，从而在掌握业绩考核基本思路和方法的基础上，形成针对不同的管理需要进行有效的业绩考核的能力。

▢ 学习指导

1. 学习重点

（1）了解业绩考核系统的构成，从投资者和各级管理者的角度去理解和把握业绩考核的主体、客体和目标。

（2）掌握以企业为主体的业绩考核的方法和运用，并了解基于经济增加值（EVA）的业绩考核与基于战略的业绩考核之间的逻辑发展关系。

（3）掌握以责任中心为主体的业绩考核的方法和运用，并有效运用指标评价成本中心、利润中心和投资中心的绩效，了解剩余收益与 EVA 之间的逻辑发展关系。

（4）掌握 EVA 的概念、基本理念和基本模型体现的管理内涵，理解 EVA 调整的意义，了解与传统业绩考评指标相比 EVA 具有的优点。

（5）掌握平衡计分卡的基本框架和内容及采用平衡计分卡进行业绩考评的优点。

2. 学习难点

（1）如何分别从投资者和各级管理者的角度理解和把握业绩考核的内涵、方法和应用（分别表现为以企业为主体和以责任中心为主体的业绩考核）。

（2）如何从投资者和管理者相结合的角度理解和把握业绩考核的内涵、方法和应用（表现为基于 EVA 和企业战略的业绩考核）。

（3）基于 EVA、企业战略的业绩考核体系和传统业绩考核体系相比有很大差异，要注重结合实际案例学习和理解这两种业绩考核体系，不仅要思考两者的结合问题，也要思考战略与战术的结合问题。

练习题

一、名词解释

1. 杜邦分析法　　　　　　　2. 成本中心

3. 自然利润中心　　　　　　4. 人为利润中心

5. 投资中心　　　　　　　　6. 内部结算价格

7. 投资报酬率　　　　　　　8. 剩余收益

9. 经济增加值　　　　　　　10. 平衡计分卡

11. 战略管理地图

二、判断题

1. 企业越是下放经营管理权，越要加强内部控制。所以很多大型企业将各级、各部门按其权力和责任的大小划分为各种责任中心，实行分权管理。（　　）

2. 对企业来说，几乎所有的成本都可以视为可控成本，一般不存在不可控成本。（　　）

3. 一项成本对于较高层次的责任中心来说属于可控成本，对于其下属的较低层次的责任中心来说，可能就是不可控成本；同样，较低层次责任中心的可控成本，则也有可能是其所属的较高层次责任中心的不可控成本。（　　）

4. 利润中心获得的利润中有该利润中心不可控因素的影响时，可以不进行调整。（　　）

5. 一般来说，只有独立核算的企业才能具备作为完全的利润中心的条件，企业内部的自然利润中心应属于不完全的自然利润中心。（　　）

6. 通常，利润中心被看成是一个可以用利润衡量其业绩的组织单位。因此，凡是可以计量出利润的单位都是利润中心。（　　）

7. 计划制造成本型内部结算价格的不足之处是没有与各个责任中心真正创造的利润联系起来，不能有效调动责任中心增加产量的积极性。（　　）

8. 企业内部转移价格无论怎样变动，企业的利润总额不变，变动的只是企业内部各责任中心的收入或利润的分配份额。（　　）

9. 以剩余收益指标评价投资中心的业绩时，可以使业绩考核与企业的目标协调一致，但该指标不利于不同部门之间的比较。　　　　　　　　（　　）

10. 剩余收益和投资报酬率可以起到互补作用，剩余收益弥补了投资报酬率的不足，可以在投资决策方面使投资中心利益与企业整体利益取得一致，也可以用于两个规模不同的投资中心进行横向比较。　　　　　　　　（　　）

11. EVA 指调整后的税后净营业利润扣除企业全部资本经济价值的机会成本后的余额，突出反映了股东价值的增量。　　　　　　　　（　　）

12. 不直接决定某项成本的人员，即使对该项成本的支出施加重要影响，也不应对该项成本承担责任。　　　　　　　　（　　）

三、单项选择题

1. 若企业的生产部门、采购部门都是成本中心，由于材料质量不合格造成的生产车间超过消耗定额成本差异部分应由（　　）负担。

A. 生产车间　　　　　　　　B. 采购部门
C. 生产车间与采购部门共同承担　　D. 企业总部

2. （　　）把企业的使命和战略转变为目标和各种指标，它并不是对传统战略和评估方法的否定，而是对其的进一步发展和改进。

A. 剩余收益　　　　　　　　B. EVA
C. 业绩金字塔　　　　　　　D. 平衡计分卡

3. 利润中心不具有（　　）。

A. 价格制定权　　　　　　　B. 投资决策权
C. 生产决策权　　　　　　　D. 销售决策权

4. 成本中心的责任成本是指（　　）。

A. 产品成本　　　　　　　　B. 生产成本
C. 可控成本　　　　　　　　D. 不可控成本

5. 杜邦分析法是以（　　）为中心指标，经层层分解所形成的财务指标评价体系。

A. 净资产收益率　　　　　　B. 销售净利率
C. 资产周转率　　　　　　　D. 权益乘数

6. 下列有关权益乘数的计算公式错误的是（　　）。

A. 权益乘数＝所有者权益/资产
B. 权益乘数＝1/(1－资产负债率)
C. 权益乘数＝资产/所有者权益
D. 权益乘数＝1＋产权比率

7. 杜邦分析法是利用财务比率之间的关系来综合分析评价企业的财务状况，在所有比率中最综合、最具有代表性的财务比率是（　　）。

A. 资产报酬率　　　　　　　　B. 净资产收益率

C. 权益乘数　　　　　　　　　D. 资产周转率

8. 不直接影响企业的净资产收益率的指标是（　　　）。

A. 权益乘数　　　　　　　　　B. 销售净利率

C. 资产周转率　　　　　　　　D. 股利支付比率

9. 某企业2×17年度相关财务指标如下：资产负债率为50％，销售净利率为8％，总资产周转次数为4次，则净资产收益率为（　　　）。

A. 56％　　　　B. 72％　　　　C. 64％　　　　D. 48％

四、多项选择题

1. 完全的自然利润中心应具有（　　　）。

A. 产品销售权　　　　　　　　B. 产品定价权

C. 材料采购权　　　　　　　　D. 生产决策权

E. 人事任免权

2. A公司生产车间发生的折旧费用对于（　　　）来说是可控成本。

A. 公司厂部　　　　　　　　　B. 生产车间

C. 生产车间下属班组　　　　　D. 辅助生产车间

E. 设备管理部门

3. 下列有关成本责任中心的说法中，正确的有（　　　）。

A. 成本责任中心不对生产能力的利用程度负责

B. 成本责任中心不进行设备购置决策

C. 成本责任中心不对固定成本负责

D. 成本责任中心应严格执行产量计划，不应超产或减产

E. 成本责任中心不对工时的利用程度负责

4. 下列说法中正确的有（　　　）。

A. 下级成本中心的可控成本必然为上级成本中心可控

B. 利润中心的可控成本必然为投资中心可控

C. 某项成本是否为某一责任中心可控，不仅取决于该责任中心的业务内容，而且取决于该责任中心所管辖的业务内容的范围

D. 凡是直接成本均为可控成本

E. 本部门不可控则其他部门必然可控

5. 由于不同类型、不同层次的利润中心可控范围不同，因而用于考核利润中心的指标有（　　　）。

A. 投资报酬率　　　　　　　　B. 毛利

C. 剩余收益　　　　　　　　　D. 部门贡献毛益

E. 营业利润

6. EVA 与传统财务指标的最大不同，就是充分考虑了投入资本的机会成本，使得 EVA 具有（　　）的突出特点。

A. 度量的是资本利润　　　　　　B. 度量的是企业的利润

C. 度量的是资本的社会利润　　　D. 度量的是资本的超额收益

E. 度量的是利润总额

7. 平衡计分卡通过（　　）指标体系设计来阐明和沟通企业战略，促使个人、部门和组织的行动方案达成一致和协调，以实现企业价值最大化和长期发展的目标。

A. 客户维度　　　　　　　　　　B. 内部流程维度

C. 学习与成长维度　　　　　　　D. 企业使命维度

E. 财务维度

8. 下列各项中，可能直接影响企业权益收益率指标的措施有（　　）。

A. 提高销售净利率　　　　　　　B. 提高资产负债率

C. 提高资产周转率　　　　　　　D. 提高流动比率

E. 提高资产报酬率

9. 从杜邦等式可知，提高资产报酬率的途径有（　　）。

A. 加强负债管理，提高负债比率

B. 加强资产管理，提高资产周转率

C. 加强销售管理，提高销售净利率

D. 增强资产流动性，提高流动比率

E. 提高所有者权益的比重

五、简答题

1. 简述以企业为主体的业绩考核指标体系。

2. 如果某企业的利润率由 10％提高到 15％，作为投资人，你将如何进行评价？你认为利润率指标在评价中有何缺点？

3. 简述以责任中心为主体的业绩考核指标体系。

4. 简述平衡计分卡的基本框架和应用步骤。

5. 从利润率到剩余收益再到经济增加值的发展说明了什么？

6. 经济附加值考核的是企业利润吗？

7. 你是如何看待业绩考核要兼顾财务指标和非财务指标的？

8. 经济增加值基本模型的经济贡献是什么？

9. 经济增加值调整的目的是什么？

六、计算题

某投资中心 2019 年的有关资料如下：

资产总额　　　　　　　　10 000 万元

　　部门贡献毛益　　　　　　2 500 万元

　　现在有一个投资报酬率为 15％的机会，投资额为 5 000 万元，每年部门贡献毛益为 700 万元，资金成本为 10％。

　　要求：

　　（1）计算该投资中心目前的投资报酬率。

　　（2）是否接受新的投资项目？分别计算投资报酬率和剩余收益来说明。

练习题参考答案

一、名词解释

　　1. 杜邦分析法，是利用几种主要的财务比率之间的关系来综合地分析企业财务状况的一种方法。它主要评价公司盈利能力和股东权益回报水平，是从财务角度评价企业绩效的一种经典方法，其基本思想是将企业净资产收益率逐级分解为多项财务比率的乘积，从而有助于深入分析和比较企业经营业绩。

　　2. 成本中心，是指只发生成本（费用）而不取得收入的责任中心。任何只发生成本的责任领域都可以确定为成本中心。对这类责任中心只是考核成本，而不考核其他内容。

　　3. 自然利润中心，是指既要发生成本，又能对外销售产品，取得实际销售收入的责任中心。

　　4. 人为利润中心，是指既要发生成本，又能取得内部销售收入的责任中心。它的产品并不直接对外销售，而是以包含利润的内部结算价格提供给企业内部的其他单位。

　　5. 投资中心，是指既要发生成本又能取得收入、获得利润，还有权进行投资的责任中心。该责任中心不仅要对责任成本、责任利润负责，还要对投资的收益负责。投资中心应拥有较大的生产经营决策权，实际上相当于一个独立核算的企业，如总公司下属的独立核算的分公司或分厂。

　　6. 内部结算价格，是指在责任会计体系中，企业内部的每一个责任中心都是作为相对独立的商品生产经营者存在的，为了分清经济责任，各责任中心之间的经济往来，应当按照等价交换的原则实行"商品交换"。各责任中心之间相互提供产品（或劳务）时，要按照一定的价格，采用一定的结算方式进行计价结算。这种计价结算并不真正动用企业货币资金，而是一种观念上的货币结算，是一种资金限额指标的结算。计价结算过程中使用的价格称为内部结算价格。

　　7. 投资报酬率，是投资中心一定时期的营业利润和该期的投资占用额之比。该指标反映了通过投资返回的价值，是企业从一项投资性商业活动中得到的经济回报。该指标是全面评价投资中心的各项经营活动、考评投资中心业绩的综合性质量指标,它既能揭示投资中心的销售利润水平,又能反映资产的使用效果。

8. 剩余收益,是指投资中心获得的利润扣减其投资额(或净资产占用额)按规定(或预期)的最低收益率计算的投资收益后的余额,是一个部门的营业利润超过其预期最低收益的部分。

9. 经济增加值,是指调整后的税后净营业利润(NOPAT)扣除企业全部资本经济价值的机会成本后的余额,公式为 $EVA = NOPAT - C \times WACC = (RONA - WACC) \times C$,其中,$C$ 为全部资本的经济价值(包括权益资本和债权资本);$RONA$ 为资产收益率;$WACC$ 为企业加权平均资本成本。可见,企业可以通过增加税后净营业利润、减少资本占用或是降低加权平均资本成本来提高经济增加值。经济增加值提供了一种可靠的尺度来反映管理行为是否增加了股东财富,以及增加股东财富的数量。

10. 平衡计分卡,是把企业的使命和战略转变为目标和各项指标,并不是对传统战略和评估方法的否定,而是对其的进一步发展和改进。在保留财务层面的基础上,又加上了客户、内部流程、学习与成长三个维度。平衡计分卡通过四大指标体系设计来阐明和沟通企业战略,促使个人、部门和组织的行动方案达成一致和协调,以实现企业价值最大化和长期发展的目标。

11. 战略管理地图,将平衡计分卡和企业的战略融合在一起,就形成了战略管理地图。它可以帮助企业用连贯、系统和整体的方式来看待企业的战略。通过战略管理地图,有助于企业更加精确地定位客户的价值取向,增强内部流程活动能力、学习与成长能力,最终实现企业股东价值最大化的目标。

二、判断题

1. √	2. √	3. ×	4. ×
5. √	6. ×	7. √	8. √
9. √	10. ×	11. √	12. ×

三、单项选择题

1. B	2. D	3. B	4. C
5. A	6. A	7. B	8. D
9. C			

四、多项选择题

1. ABCD	2. AB	3. BD	4. ACDE
5. BDE	6. ACD	7. ABCE	8. BE
9. BC			

五、简答题

1. 简述以企业为主体的业绩考核指标体系。

答：以企业为主体的业绩考核最初以考核利润为目标，后来以考核净资产利润率为目标，往往追求企业利润最大化或股东财富最大化。这种评价指标体系主要运用于企业所有者对企业最高管理层进行的业绩考核，此外也可以用于企业上级管理层对下级管理层的业绩考核。(1) 基于利润的业绩考核指标。主要包括营业利润率、成本费用利润率、投资报酬率、净资产收益率和资产报酬率等，而针对上市公司则经常采用每股收益、每股股利等指标。(2) 基于净资产收益率的业绩考核体系。主要利用杜邦分析法综合地分析企业财务状况，其基本思想是将企业净资产收益率逐级分解为多项财务比率指标的乘积，从而有助于深入分析和比较企业的经营业绩。

2. 如果某企业的利润率由 10% 提高到 15%，作为投资人，你将如何进行评价？你认为利润率指标在评价中有何缺点？

答：不能简单地认为企业业绩有了很大的提高。利润率是由利润和收入计算得出的，相对而言有以下缺点：(1) 利润的计算依赖财务报表中的历史数据，仅能反映过去某段时间企业的经营成果，无法体现企业未来的发展状况。(2) 以利润为导向的评价指标仅反映财务信息，而没有体现管理层主观努力的效果和公司内部运营的状况。(3) 没有考虑货币时间价值，因此可能激励了短期行为，为了降低成本而放弃更新设备、开发新产品等活动，从而损害了企业长期利益。(4) 不能有效地考虑风险因素，无法正确反映企业目标。

3. 简述以责任中心为主体的业绩考核指标体系。

答：对不同责任中心而言，业绩考核指标不一样：(1) 成本中心。因为成本中心只负责控制和报告成本，所以主要指标是生产效率、标准成本与成本差异的报告等。责任成本差异是指责任成本实际数与责任成本预算数之间的差额，反映了责任成本预算的执行结果。(2) 利润中心。对利润中心工作进行考核的重要指标是其可控利润，即责任利润。如果利润中心获得的利润中有该利润中心不可控因素的影响，则必须进行调整。根据不同类型、不同层次的利润中心的可控范围不同，用于评价的责任利润指标具体有毛利、贡献毛益和营业利润三种形式。(3) 投资中心。投资中心不仅要对成本、利润负责，而且必须对投资收益负责。因而，业绩考核有两个重要的财务指标：投资报酬率和剩余收益。

4. 简述平衡计分卡的基本框架和应用步骤。

答：平衡计分卡主要包括四个维度：(1) 客户维度。客户维度指标衡量的主要内容包括市场份额、老客户挽留率、新客户获得率、客户满意度、从客户处获得的利润率等。(2) 内部流程维度。内部流程维度指标主要涉及企业的改良、创

新过程、经营过程和售后服务过程。（3）学习与成长维度。学习与成长维度指标
涉及员工的能力、信息系统的能力以及激励、授权和相互配合等。（4）财务维
度。财务维度指标衡量的主要内容是：收入的增长、收入的结构、成本的降低、
生产率的提高、资产的利用和投资战略等。

每个企业可以根据自身的情况来设计各自的平衡计分卡，大体上遵循以下几
个步骤：（1）定义企业战略；（2）就战略目标取得一致意见；（3）选择和设计评
价指标；（4）制定实施计划。

5. 从利润率到剩余收益再到经济增加值的发展说明了什么？

答：利润率是基于利润的业绩考核指标，由于利润是企业一定期间经营收入
和经营成本、费用的差额，是根据财务报表信息计算出来的，而财务报表的编制
受到会计准则和会计制度的约束，因此不能准确反映企业的财务状况和经营成
果。利润的计算没有扣除企业权益资本的成本，导致成本计算不完全，因此无法
准确判断企业为股东创造的财富数量，只能在一定程度上体现企业经营效益的高
低。而剩余收益指标是根据企业获得的利润，扣除其净资产占用额（或投资额）
按照规定或预期的最低收益率计算的投资收益后的余额，是一个部门的营业利润
超过其预期最低收益的部分。经济增加值指标则充分考虑投入资本的机会成本，
它可以提供一种可靠的尺度来反映管理行为是否增加了股东财富，以及增加股东
财富的数量。企业经济增加值持续增长意味着公司市场价值和股东财富的不断增
长，从而实现股东财富最大化的财务目标。可以说，从利润率到剩余收益再到经
济增加值的发展，也是企业管理不断科学化的发展。

6. 经济增加值考核的是企业利润吗？

答：不是。第一，经济增加值度量的是资本利润，而不是通常的企业利润。
第二，不同投资者在不同环境下，对资本具有不同的获利要求。第三，经济增加
值度量的是资本的超额收益，而不是利润总额。

7. 你是如何看待业绩考核要兼顾财务指标和非财务指标的？

答：兼顾财务指标和非财务指标的业绩考核体系是科学的。由于传统的业绩
考核指标只关注以收益为基础的财务数据，仅能衡量过去决策的结果，无法评
估未来的绩效表现，容易误导企业的发展方向。同时，当财务指标成为企业绩
效考核的唯一指标时，容易使经营者过分注重短期财务结果。在一定程度上，
也使经营者变得急功近利，有强烈动机操纵报表上的数据，而不愿就企业长期
战略目标进行资本投资。所以，将财务指标和非财务指标综合起来的业绩考核
体系在结果评价和过程评价之间、定量评价和定性评价之间、客观评价和主观
评价之间、组织短期增长和长期增长之间寻求平衡，更能全面有效地评价企业
业绩。

8. 经济增加值基本模型的经济贡献是什么？

答：基本模型表明，经济增加值是超过资金成本的那部分价值，突出反映了股东价值的增量。一般来说，经济增加值大于零，意味着从营业利润中减去整个资金成本后股东投资得到了净回报，为股东创造了价值，否则就形成价值毁灭。经济增加值的持续增长，意味着公司的市场价值和股东的财富在不断增长。基本模型还强调，经济增加值取决于上述三个变量的影响，企业可以通过增加税后净营业利润、减少资本占用量或者降低加权平均资本成本来提高经济增加值。经济增加值管理的目的在于寻找价值创造的有效途径和方法。

9. 经济增加值调整的目的是什么？

答：经济增加值的基本模型揭示了企业经济利润的本质，其计算需要以传统的会计利润为基础对影响价值表现的一些项目进行调整（增加或扣除某些项目），以消除根据会计准则编制的财务报表对公司真实情况的扭曲。例如，从经济学的观点来看，凡是对公司未来利润有贡献的现金支出都应算作投资，而不是计入成本、费用。因此，经济增加值不鼓励以牺牲长期业绩的代价来夸大短期效果，而是鼓励企业进行能够带来长远利益的投资。企业应根据具体情况（如组织结构、业务组合、战略和会计政策），确定应对哪些项目进行调整。

六、计算题

（1）该投资中心的投资报酬率。

$$投资报酬率 = 2\,500 \div 10\,000 \times 100\% = 25\%$$

（2）对整个企业来说，由于新项目的投资报酬率高于资金成本，应当利用这个投资机会，但是对于投资中心来说，此时

$$投资报酬率 = \frac{2\,500 + 700}{10\,000 + 5\,000} \times 100\% = 21.3\% < 25\%$$

投资中心就会放弃这个项目。如果使用剩余收益作为评价标准，此时

$$目前部门剩余收益 = 2\,500 - 10\,000 \times 10\% = 1\,500(万元)$$
$$接受投资方案后剩余收益 = (2\,500 + 700) - (10\,000 + 5\,000) \times 10\%$$
$$= 1\,700(万元) > 1\,500\,万元$$

所以，应该接受新项目。

📋 教材习题解析

一、思考题

1. 基于利润的业绩考核都有哪些？其优缺点是什么？

基于利润的单项业绩考核主要采用营业利润率、成本费用利润率、投资报酬

率、净资产收益率和资产报酬率等指标，而针对上市公司则经常采用每股收益、每股股利等指标。

优点在于：利润指标符合企业盈利的本质要求、反映实现的价值、反映所得大于所费的结果。

缺点在于：依赖历史信息，无法体现企业未来的发展状况；仅反映财务数据，无法全面反映企业的经营状况；可能造成短视行为，无法全面反映企业的长远利益；没能有效考虑风险，无法正确反映企业目标。

2. 什么是责任中心？责任中心包括哪几种？

答：责任中心是按既定职责范围和权力确定责任的内部责任单位，按照分权管理的原则可以分为成本中心、利润中心和投资中心三类。其中，成本中心可以进一步分为成本中心和费用中心，利润中心可以进一步分为人为的利润中心和自然的利润中心。

3. 什么是内部结算价格？内部结算价格包括哪几种？内部结算价格在责任会计中有何作用？

答：为了分清并计量经济责任，各责任中心之间相互提供产品（或劳务，下同）应当按照等价交换的原则进行计价结算。这种计价结算并不真正动用企业货币资金，而是一种观念上的货币，称为内部结算价格。

内部结算价格主要包括六种类型：计划制造成本型、计划变动成本型、计划变动成本加计划固定总成本型、计划制造成本加利润型、市场价格型、双重内部结算价格。

内部结算价格的主要作用在于分清并计量各责任中心的责任，这对于具有前后传递性关系的责任中心来说，可以促使它们在公平、合理、对等的条件下努力工作。

4. 为什么内部结算价格可以采用双重内部结算价格？

答：采用双重内部结算价格可以根据各责任中心的特点，在一项往来结算业务中，选用不同的内部结算价格，满足各自的管理要求。

之所以可以采用双重内部结算价格，是因为在内部结算价格确定时，责任是恒定不变的。当卖方采用高价时，考核利润就可以定得高些；同理，当买方采用低价时，考核利润指标就可以定得高些。通过调整考核利润的数额，就可以把由于定价原因产生的客观利润予以减除，从而真实反映责任者的责任。

5. 财务业绩评价有什么局限性？

答：财务业绩评价指标（无论是收入、成本、利润，还是资金流入、流出、结存）基本属于结果指标，虽然可以考核企业的业绩，但却无法反映形成结果的过程。要想实现有效控制，必须从过程入手。因此，财务业绩评价指标与非财务考核手段之间应相互补充，使得绩效评价的地位上升到组织的战略层面，成为组织战略的实施工具，在定量评价与定性评价、客观评价与主观评价、指标的前馈指导与后馈控制、组织的短期增长与长期增长、组织的各个利益相关者之间寻求平衡，完成企业的绩效管理与战略实施。

6. 分部管理者的业绩等同于该分部的业绩，你同意这个观点吗？为什么？

答：具体问题要具体分析。如果从领导的角度看，分部管理者的业绩等同于该分部的业绩；如果从分工的角度看，分部管理者的业绩和下属管理者的业绩之和等同于该分部的业绩。

7. 什么是经济增加值？投资报酬率和经济增加值共同的缺陷是什么？怎么解决这个问题？

答：经济增加值是税后净营业利润减全部资金成本后的余额。在反映业绩时，经济增加值不仅从行业角度考虑了资金成本，而且从社会角度考虑了资金占用，因此比投资报酬率更全面、科学。但投资报酬率和经济增加值都是以权责发生制下的利润为基础计算的，因此共同缺陷是没有考虑货币时间价值。解决问题的基本思路是在现金流量基础上利用货币时间价值进行修正。

8. 经济增加值业绩考核的特点有哪些？

答：经济增加值业绩考核充分考虑了投入资金的机会成本，具有以下突出特点：（1）经济增加值度量的是资金利润，而不是企业利润。（2）经济增加值度量的是资金的社会利润，而不是个别利润。（3）经济增加值度量的是资金的超额收益，而不是利润总额。

9. 什么是平衡计分卡？平衡计分卡平衡了哪些方面的关系？

答：平衡计分卡是基于公司战略对部门团队进行考核的一种新思路，以公司战略为导向，寻找能够驱动战略成功的关键成功因素，建立与之密切联系的指标体系来衡量战略实施过程，并采取必要的修改以维持战略的持续成功。平衡计分卡认为需要取得以下平衡：短期收益与长期收益的平衡；财务指标与非财务指标的平衡；外部计量（股东与客户）和内部计量（内部流程、创新与人员等）的平衡。过分强调财务指标往往导致企业内部关系的失衡，对企业的战略实施和长期发展不利。

二、练习题

1. 答：

（1）甲分部的投资报酬率＝5 000 000÷2 000 000×100％＝25％

（2）乙分部的投资报酬率＝3 000 000÷30 000 000×100％＝10％

比较而言，甲分部比乙分部做得更好，因为更高的投资报酬率体现了甲分部更高的综合盈利能力。

2. 答：

根据杜邦分析体系各指标之间的关系计算，如表 11－1 所示。

表 11－1　基础数据表

项目	净资产收益率	资产报酬率	权益乘数	销售净利率	资产周转率
计划数	14.93%	7.39%	2.02	4.53%	1.630 4
实际数	12.12%	6%	2.02	3%	2

从表 11－1 的数据可以看出：

（1）净资产收益率没有完成计划要求，降低 2.81%。其直接原因是资产报酬率没有完成计划要求，降低 1.39%；权益乘数符合计划要求，说明对负债的利用是按计划进行的。

（2）资产报酬率降低 1.39% 的原因，一是销售净利率没有完成计划要求，降低 1.53%，说明产品的盈利能力下降了；二是资产周转速度加快了，由计划的 1.630 4 次提高到 2 次，说明资产的利用水平提高了。

（3）综合而言，该企业面临的最大问题是产品盈利能力下降，这是值得注意的问题，应结合其他资料深入分析；资产周转速度加快说明该企业在资产管理方面取得了进步，值得表扬。

中国人民大学出版社　管理分社

教师教学服务说明

中国人民大学出版社管理分社以出版工商管理和公共管理类精品图书为宗旨。为更好地服务一线教师，我们着力建设了一批数字化、立体化的网络教学资源。教师可以通过以下方式获得免费下载教学资源的权限：

★ 在中国人民大学出版社网站 www.crup.com.cn 进行注册，注册后进入"会员中心"，在左侧点击"我的教师认证"，填写相关信息，提交后等待审核。我们将在一个工作日内为您开通相关资源的下载权限。

★ 如您急需教学资源或需要其他帮助，请加入教师 QQ 群或在工作时间与我们联络。

中国人民大学出版社　管理分社

🔔 **教师 QQ 群:** 648333426(工商管理)　114970332(财会)　648117133(公共管理)
　　教师群仅限教师加入，入群请备注(学校+姓名)

☎ **联系电话:** 010-62515735，62515987，62515782，82501048，62514760

✉ **电子邮箱:** glcbfs@crup.com.cn

📍 **通讯地址:** 北京市海淀区中关村大街甲 59 号文化大厦 1501 室（100872）

管理书社

人大社财会

公共管理与政治学悦读坊